ロマンスカー借景

写真＝山崎友也

伝統の展望席

LSE（7000形）

御殿場線との相互直通運転

ワイドな車窓

HiSE（10000形）

RSE（20000形）

通勤需要への傾斜

EXE（30000形）

箱根特急の復権

VSE（50000形）

地下鉄乗り入れ

MSE（60000形）

10年ぶりの新型

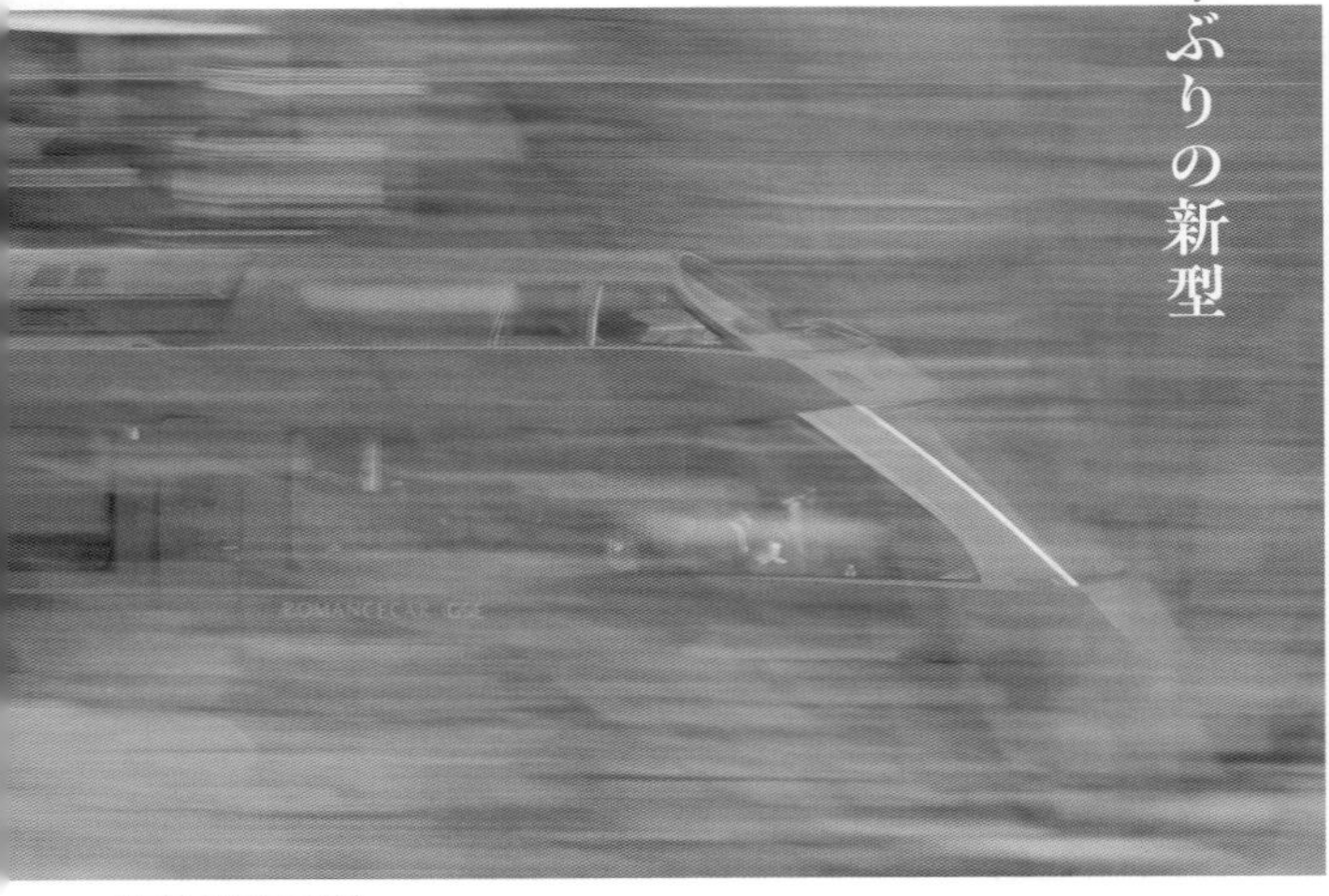

GSE（70000形）

小田急は100年でどうなった?

ロマンスカーとまちづくり

かつとんたろう

Katz Tontaro

交通新聞社新書 170

まえがき

2023年、小田急電鉄の前身である小田原急行鉄道株式会社が1923年に設立されてから、100年を迎えた。新宿から小田原までをつなぎ、それまで鉄道が通っていなかった神奈川の県央部を颯爽と横断してゆく電車による鉄道路線、しかもそれを一挙に作り上げたのは特筆に値する出来事だった。

100年もの時間があれば、その間にはさまざまなことが起きる。開業時の苦境やいわゆる「大東急」への合併、戦後の混乱をくぐり抜けての独立、現在に直接につながる小田急電鉄の誕生。新宿から神奈川の県央部を経て西へ南へ、箱根や江の島観光の足として、あるいは首都圏の拡大と沿線人口の増大を受けての通勤通学の足として、沿線の開発と一体になりながら小田急は歴史を歩んできた。

しかしやはり、なんといってもロマンスカーだ。今もなお小田急の象徴として輝くバーミリオンオレンジの豪華な列車は、筆者も小田原に生まれた人間として強い愛着とあこがれを持っているし、多くの沿線住民が同じ思いを抱いていることだろう。最近の下北沢駅の改装に際して駅構内に設けられたレリーフにも、大きくSE（3000形）ロマンスカーが描かれている。下北沢駅にロマンスカーは停まらないのにもかかわらずだ。これは駅がどうこうということではなく、小田急はロマンスカーがあればこそ、という会社としての思いの表れなのだろう。

ロマンスカーに求められる役割は、時代とともに常に変動してきた。新時代の幕開けとして最新の技術を詰め込んだSEが誕生し、より豪華さを求める時代にはLSE（7000形）が、ラッシュアワーの混雑がひどければEXE（30000形）のようなロマンスカーが誕生し、箱根観光のさらなる振興のためにVSE（50000形）が生まれた。そのような形で、ロマンスカーを中心に小田急の歴史を一覧するような本として、本書は企画されている。

基本的に時系列でさまざまなトピックを記し、また大まかな章立てを以下のように構成した。第1章は開業より戦後の大東急からの独立まで、第2章はSEの登場から1970年前後まで、第3章はそこからEXEの登場まで、第4章は現在に至るまでとなっており、第5章は沿線をいくつかの地域に分け、それを新宿から近い順に主に戦後から現在までの歴史を、それまでの中で取り上げられなかった部分を拾い上げるように書いている。

ただ時系列とは言ってもさまざまな工事や出来事は複数年、ものによっては数十年にもわたっている。それを完全に時系列で処理することは、トピックごとに分けて書いていく形ではどうしても不可能なため、トピックごとの並べ方には多少の時系列のズレがある。

また本書はロマンスカーを中心とした歴史として書いたつもりなので、通勤車両の詳細についてはほとんど割愛する形となった。２０２２年現在も現役として活躍している１０００形や２代目３０００形、２代目４０００形の登場は、それぞれ前後の歴史と強く関連しているので本来は記すべきだったかもしれないが、あえて書いていないのだということも、併せてご承知いただきたい。

本書を書くにあたって、以下のルールを設けた。何かの事柄に対する年月日の記載は、〇〇年に××が起きた、というように年のみを記することを基本とした。本書は詳細な研究書や技術解説書ではないため、細かい日付を気にするよりも大きく歴史をとらえてほしいという思いからだ。

月・日を記載する場合は、その記載がないと時系列で考えるのが難しい際などに採用した。たとえば、国鉄が分割民営化されＪＲ各社が営業を開始するのは１９８７年の４月１日からだが、その前後に国鉄・ＪＲと関連する事柄を記した際、まだ国鉄なのかもうＪＲ

なのかをはっきりさせるために、月・日を記した。また改元時の混乱を避けるため、年の記法として和暦は採用せず、西暦に一本化することにした。

さらに参考資料には記していないが、ウィキペディア、小田急情報ブログ「オダペディア」や各種ニュースサイトなど、さまざまなインターネット媒体の情報も適宜参照している。ただこれらにあるデータを使用する場合は、ほかの文献資料などを用い、その情報が正しいと確認できた場合にのみ採用した。基本的には情報のまとめ方、視点の持ち方などを参考にさせてもらった格好だ。

では小田急100年の歴史とロマンスカーの軌跡を、どうぞご笑覧ください。

小田急は100年でどうなった？――目次

第2章　新型特急車両のロマンスカー……57

第3章　変わりゆくロマンスカー……93

第4章　箱根とロマンスカーの現在……125

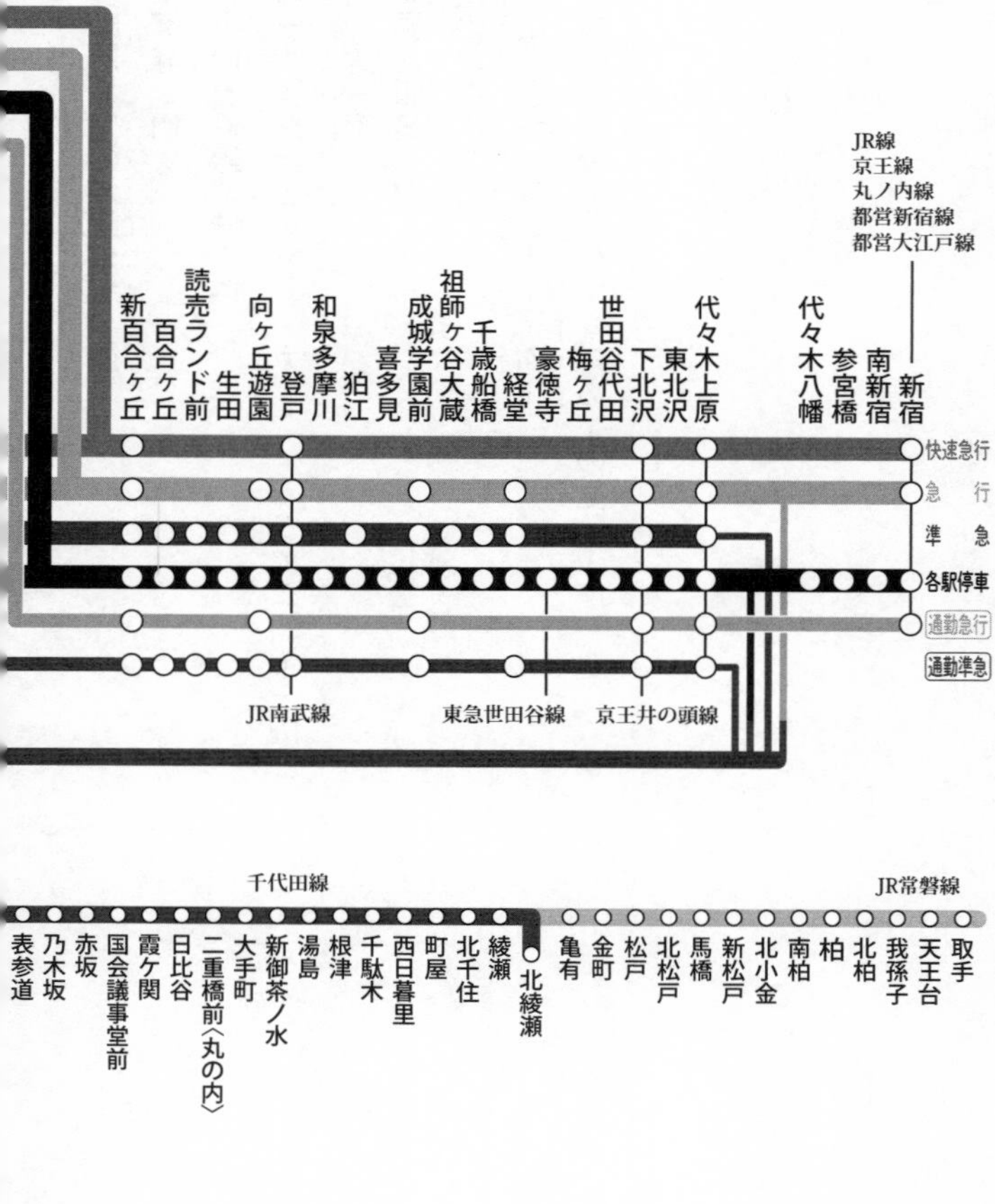
JR線
京王線
丸ノ内線
都営新宿線
都営大江戸線
新百合ヶ丘
百合ヶ丘
読売ランド前
生田
向ヶ丘遊園
登戸
和泉多摩川
狛江
喜多見
成城学園前
祖師ヶ谷大蔵
千歳船橋
経堂
豪徳寺
梅ヶ丘
世田谷代田
下北沢
東北沢
代々木上原
代々木八幡
参宮橋
南新宿
新宿
快速急行
急行
準急
各駅停車
通勤急行
通勤準急
JR南武線
東急世田谷線
京王井の頭線
千代田線
JR常磐線
表参道
乃木坂
赤坂
国会議事堂前
霞ケ関
日比谷
二重橋前〈丸の内〉
大手町
新御茶ノ水
湯島
根津
千駄木
西日暮里
町屋
北千住
綾瀬
北綾瀬
亀有
金町
松戸
北松戸
馬橋
新松戸
北小金
南柏
柏
北柏
我孫子
天王台
取手

小田急線路線図

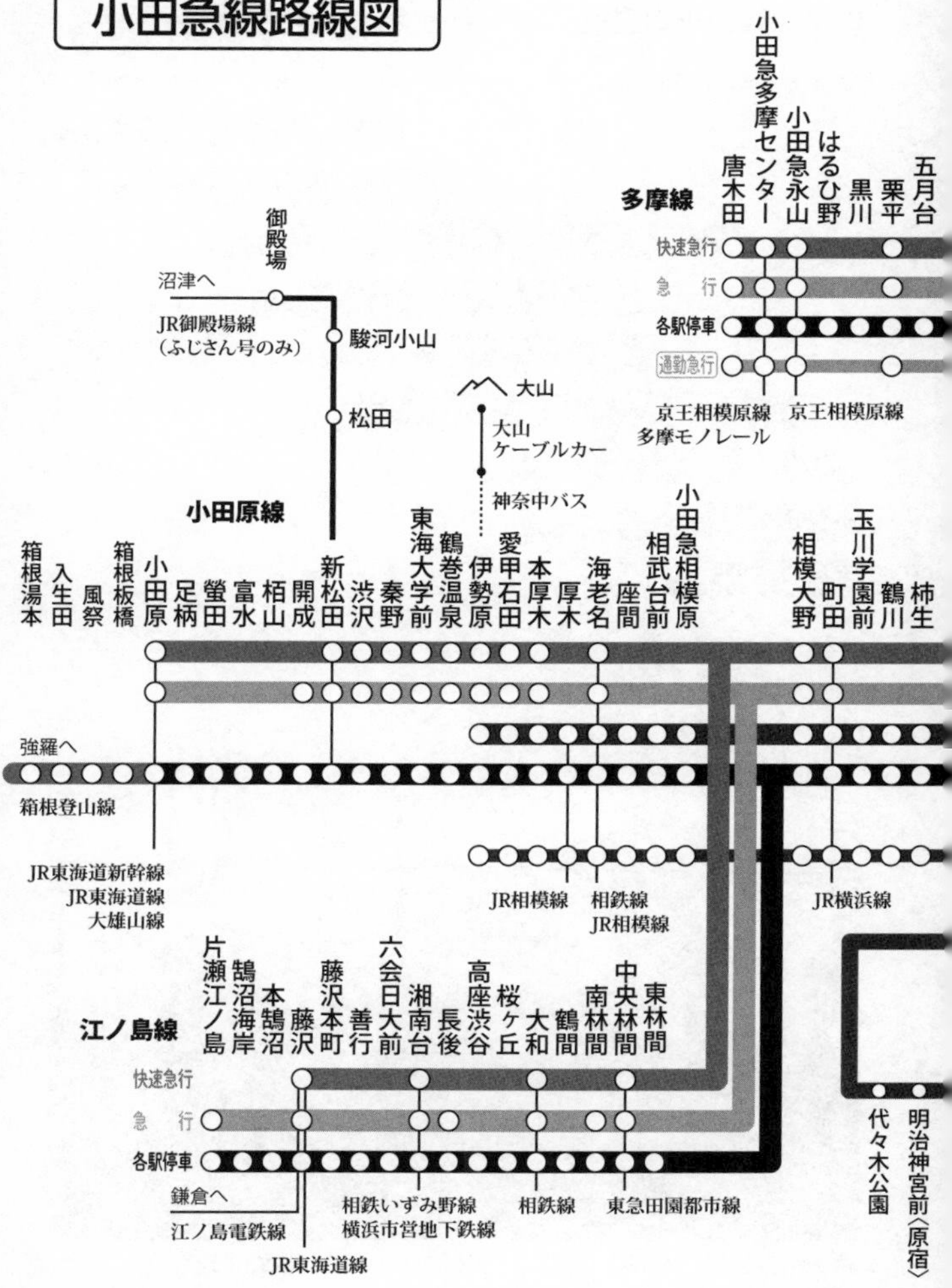

2022年11月現在

ロマンスカーの変遷

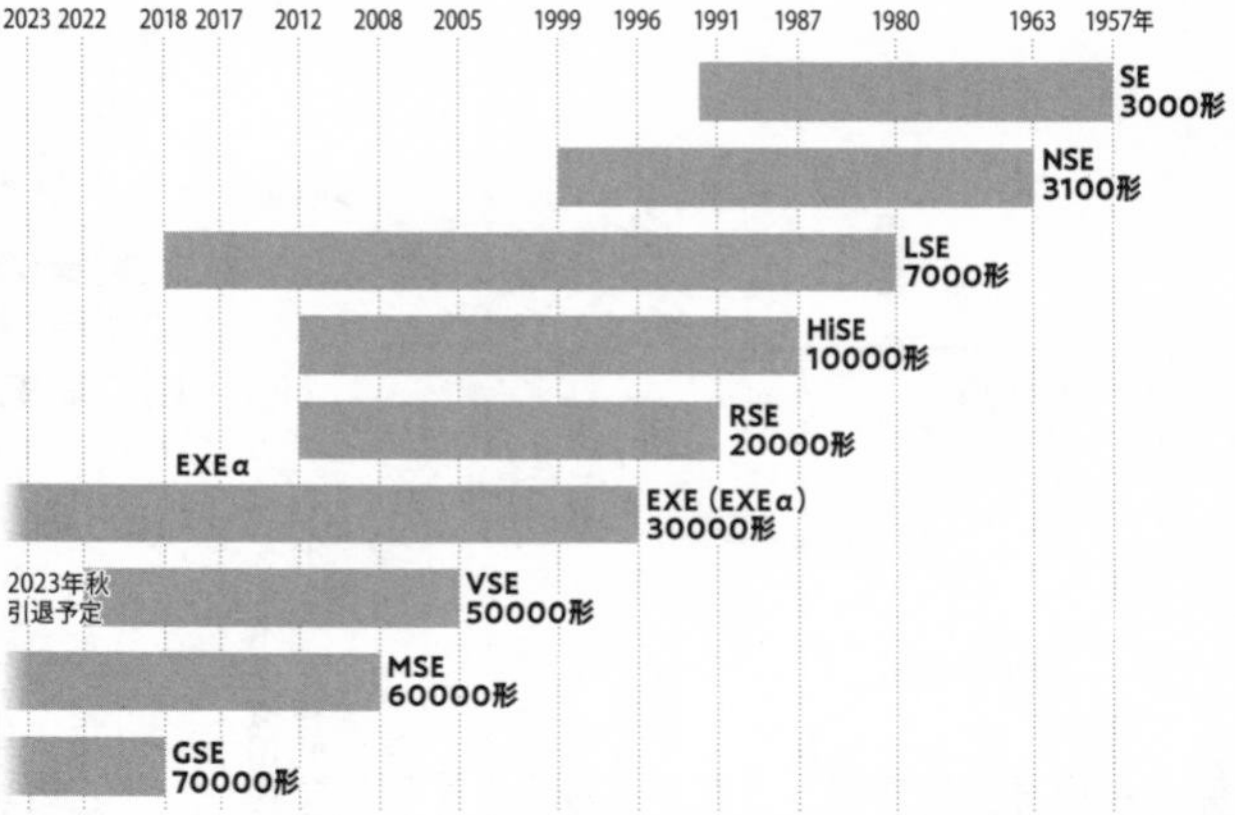

右からEXE（30000形）、EXEα（30000形）、VSE（50000形）、MSE（60000形）、GSE（70000形）

第1章

小田原急行鉄道の発足から戦後の混乱期まで

小田原急行鉄道の開業

小田急電鉄の始まりは1923年、鬼怒川水力電気を親会社として発足した「小田原急行鉄道株式会社」だ。鬼怒川水力電気は、その後小田急の初代社長となる利光鶴松が設立した電力会社である。

電気を動力とする「電車」は、日本では1895年に開業した京都電気鉄道を端緒とし、その後各地で次々と路面電車が誕生した。1914年から始まった第1次世界大戦の影響でヨーロッパからの動力機器の輸入が難しくなると、鉄道部品の国産化が加速し、それに伴い国内の鉄道技術も発展する。これが路面電車のみならず、郊外鉄道の電車化にも大きく寄与することになった。大正時代に入って都市への人口集中がますます進み、郊外の住宅需要が増している中でのことだった。

また当時のさまざまな機械動力はまだ石炭を主としており、電力の主な使用先は夜間の照明であった。そこで日中の余剰電力の販売先として鉄道が注目されつつある中、鬼怒川水力電気はまず東京市中を走る路面電車の東京市電への販路を確保したのち、さらなる販売先を求めて自らも鉄道事業に乗り出すことになる。そこで鉄道の敷設にかかる申請をいくつも行ったうちのひとつが、東京市（現在の東京23区）と小田原市を結ぶものだった。

この計画は当初地下鉄道と郊外列車を結ぶものであったが、さまざまな要因から郊外列車の部門を切り離し、また東京側の起点を新宿西口とすることを決定。この路線で認可が下りたことで「小田原急行鉄道株式会社」が発足することになった。

しかし会社が発足して数か月後には関東大震災が発生、親会社の鬼怒川水力電気が大きな打撃を受けてしまう。しかし震災は、人々の郊外移住への意識を加速させ、それが投資家たちの資金を呼び込むことになった。

１９２５年11月に起工、１９２７年4月には新宿〜小田原間の全線が一挙に開通した。わずか1年半の間に多摩川、相模川、酒匂川という大河川に橋を架け、さらに多摩や丹沢にいくつものトンネルを掘るという大工事であった。その2年後には江ノ島線も全線開通し、これらが現在まで続く小田急の基礎となったのだ。

現在の小田急電鉄の路線総延長は約１２０㎞だが、そのうちのほとんどがこの小田原線82㎞・江ノ島線27㎞によるものであり、それ以外はずっと後になって作られた多摩線の約10㎞のみ。起工からわずか5年で現在の小田急線のほとんどを作ってしまった格好だ。

利光鶴松という人物と、武相中央鉄道

さて、その小田原急行鉄道の父たる利光鶴松とはどんな人物なのか。

1864年、利光は現在の大分県大分市に中規模農家の子として生まれた。15歳で家を継ぐことになるも向学心は衰えず、漢籍の勉強会などに度々顔を出し、さらに家族を捨てて出奔、全国各地の私塾で学んでゆく。1884年に上京すると、西多摩郡五日市町（現在のあきる野市）で自由民権運動に触れ西洋の思想も学ぶと、その後1886年に明治法律学校（現在の明治大学）に入り猛勉強、1年間の勉強だけで代言人、つまり弁護士の資格を取得した。猪突猛進、一気呵成の勢いで事業を進めていくその後のスタイルは、このころからその片鱗を見せていたようだ。

その後は弁護士として活動しながら政治運動にもかかわるようになり、1896年、東京市議会議員に当選する。さらに1898年には衆議院議員になるが1900年、収賄幇助に問われ2年後には判決が確定、議員資格を失ってしまう。政治家としての利光のキャリアはここで終わりとなり、その後は実業家へと転身する。

1899年、東京市街鉄道敷設の出願に参画し、1905年には同社取締役に就任。また日光で鉱山業を計画したことが縁で鬼怒川流域の開発に関心を持ち、1910年に鬼怒

川水力電気を創立する。翌年には京成電気軌道会長にも就任している。そして１９２３年、前述の通り、小田原急行鉄道を誕生させるのだ。

小田急が通る直前の神奈川の鉄道事情を見ると、まず鉄道省の東海道線と横須賀線、横浜線が、また現在のＪＲ相模線となる相模鉄道の茅ケ崎〜厚木間がすでに開通していた。中央線（鉄道省）も完成しており、県の北部と南部には鉄道があったものの、相模鉄道を除けば県央部はほとんど空白だったという状況だ。だからこそ東京を起点として箱根方面へと至る計画が魅力的だったのだろう。

しかし実は小田原急行に似た計画は、明治時代にすでに存在していた。神奈川県の真ん中を横断する武相中央鉄道という鉄道計画である。武相中央鉄道株式会社は１８９６年、明治の鉄道王たる雨宮敬次郎、安田財閥の創始者である安田善次郎らを中心に設立され、実際に鉄道敷設仮免許も取得していた。最初の計画では千駄ケ谷の甲武鉄道（中央線の前身）から分岐し、世田谷、溝の口を経て市ヶ尾、鶴間、座間、厚木、伊勢原、秦野を経て足柄上郡松田村で東海道線（当時。現在の御殿場線）に連絡する計画だったようだ。小田急の路線よりも矢倉沢往還道（現在の国道２４６号線の元になった街道）に沿った形だと言えるだろう。

矢倉沢往還道は大山街道とも言われ、江戸期には丹沢の大山に詣でる参詣客によって賑わった街道だ。この矢倉沢という名は現在の神奈川県南足柄市に残っており、箱根の東側の外輪山のひとつ金時山へと通じる場所にある。この道は古くから、東海道の脇街道として使われていた道だ。ただ武相中央鉄道からは度々路線変更願が出されており、終着点も松田から小田原へ、道も矢倉沢往還から逸れて現在の小田急に近いルートになっていったようである。

明治の終わりには、武相中央鉄道の実現の見込みはほとんどなくなっていた。しかしこの建設計画が破綻した後もその路線計画自体の魅力は失われておらず、その再開を狙っていた人物のひとりに村野常右衛門という人物がいた。村野は町田の出身で、三多摩地域の自由民権運動のリーダーのひとりであり、さらに大正期には犬養毅や尾崎行雄のブレーンとしても動いていた政治家だった。横浜鉄道（後の横浜線）の創業にも大きくかかわっており、交通政策にも深い関心がある人物だ。また利光と村野は明治法律学校の入学以前、五日市にいたころからの知人であったこともあり、村野も小田急の計画に一役買っていたのだ。

実に小田原急行ができる20年以上も前に計画されていた武相中央鉄道、これが利光に与えた影響は非常に大きかったはずだ。

創業時の小田急の特徴

話を小田急に戻そう。小田原急行は開業当初から電気鉄道である。電力会社を親会社としているのだから今さら何を、と思うかもしれないが、実は日本のあらゆる鉄道を見ても、「電気鉄道」として誕生し、現在もその会社としての命脈を保っているのは小田急が唯一なのである。

というのも、他社はすべて蒸気鉄道もしくは電気軌道として誕生したものなのだ。例外として、現在は阪急京都本線として名残を残す新京阪鉄道が小田急と同じく電気鉄道として誕生したが、その名の通り生まれは京阪の子会社であったものの、紆余曲折を経て阪急の1路線となり、会社として存続しているとは言えない。

ちなみに鉄道と軌道との違いであるが、法的には地方鉄道法と軌道法とによって分類される。軌道は鉄道と違い、基本的に道路に敷設されるものだ。つまり都市内交通、路面電車である。関東ではたとえば、京急、京成、京王などが電気軌道をルーツとした鉄道会社だ。軌道路線よりも長大な路線総延長を持つ鉄道は、その動力源となるエネルギーもまた大きく、だからこそ利光は自身の電力会社の受け皿を電気鉄道としたのである。

またその長大な路線を一気に開業させたのも、小田急の大きな特徴だ。通常は一部路線を先行して開業し、延長に延長を重ねていくことが多いのだが、先に述べたような利光の性格もあってか、このような大胆な手法をとっている。しかも開業半年後には全線複線化も実現させているのだ。ただこれはもちろん、初期投資に莫大な費用がかかり、急いで収益を上げないと会社の存続が危ぶまれてしまう。事実小田急は開業当初からしばらくの間、苦しい時期が続く。

　線路そのものへの初期投資の大きさもあれど、しかしその線路が通っている場所というのもよくなかった。鉄道空白地帯であった神奈川の県央部を通るのはよいのだけれど、空白地帯にはそれなりの理由があって空白地帯なのである。20世紀に入ってなお、この地域は開発が進んでいなかったのだ。小田急は新宿と小田原という都市同士を結ぶ鉄道ではあるものの、両者の住民同士が行き来するには遠すぎる。必然的にその両都市の間にどれだけ人が住んでいるかということが重要になるのだが、当時沿線の町田、厚木、秦野といった町は、まだまだ本当に小さい規模のものでしかなかった。ただし、沿線住民自身も町の発展の遅れを理解しており、開発の起爆剤として、小田急がやってくること自体には基本的に歓迎ムードであった。

ただ、小田急は私鉄の中では後発組ということもあり、すでに鉄道会社が用地買収を行わなければ何もできないということは世間で知れわたっていた。つまり小田急が用地買収の交渉相手とする人たちは、どのように交渉すれば自身の利益を大きくできるかを知っていたのだ。戦後に小田急の社長となる安藤楢六は、この時期のことを以下のように回想している。「大学を出たての世間知らずが、海千山千の地主を相手に、なんとか土地を安く売らせようとするのだ。鉄道が敷かれれば、土地が値上がりするということは当然目に見えている。なんのかんのといっては、値段をつり上げようとするのだ」。

結果として小田急が持ち出す金額は大きくなり、これもまた、開業時の苦境の遠因になったのではないだろうか。

山の箱根、海の江の島

先述のように、小田急の開業以前から神奈川にはいくつもの鉄道が走っていた。先に挙げた鉄道省の路線などのほかにも、より小規模で多様な路線がある。小田原～強羅間を結ぶ箱根登山鉄道、この路線の歴史もまた小田急よりも古く、１９１９年にすでに運行は開始されていた。

その前身は小田原電気鉄道と言った。当時の東海道線は箱根を越えてゆくことができず、箱根を北から大きく迂回して静岡県に入ってゆく形だった。その迂回路の起点となっていた国府津駅から小田原へと向かう鉄道が、小田原電気鉄道だ。その後鉄道省は、東海道線を小田原から熱海を経て沼津へ向かうルートに敷き直すことを決定し、まず国府津〜熱海間を熱海線として先行開業させると、1919年、小田原電気鉄道は鉄道省から補償を受けて自社の国府津〜小田原線を廃止。すでに敷設されていた箱根を登る鉄道を主体としてゆく。

小田原電気鉄道は1927年には小田急小田原線の開業を機に小田急との連帯運輸契約を締結、1928年に箱根登山鉄道と改称すると、1935年には小田原駅への乗り入れも開始することになる。現在、箱根登山鉄道は小田急グループの傘下となっているが、乗り入れや両社間での連絡運輸などの面で、小田急電鉄の開業直後からその協力関係は始まっていたのだ。

また当時の箱根観光における小田原電気鉄道のライバルとなる公共交通事業者に、富士屋自動車があった。これは富士屋ホテルに連なる会社で、国府津〜小田原駅構内での営業は小田原電気鉄道よりも早い時期から行っていた。鉄道こそ持っていなかったものの、自動車事業においては小田原電気鉄道を圧倒しており、1928年、小田急はこちらとも連帯運輸契約を締結。箱根観光開発の大きな足がかりとなった。箱根の観光開発の本格化は戦後であるが、もちろんこの時期にも観光客・湯治客は少なくなかった。

小田急は沿線住民の足となることを主として開発された路線であるが、単に交通網としての便利さを考えるのであれば、当時まだ東海道線の駅ではなかった小田原ではなく、その東側にあり、熱海線の始点にもなっていた国府津駅を終着とするほうが理に適っている。あえてそうしなかったというのは、東海道線を小田原～熱海を経由するルートにする計画を見越しつつも、最初から箱根への観光輸送もそれなりに考えていたからだろう。

事実1930年の国勢調査を見ると、柿生や生田などの村落から東京市に通勤していた人は10人未満、現在の登戸駅周辺にあたる稲田村まで来てやっと10人となっている。厚木、海老名、座間あたりになると、東京へ通勤する人はほぼいなくなってしまう。つまり小田急が通勤用途に使われるのは多摩川くらいまでというのが実情だったようだ。

そのような通勤用途が難しい状況で、小田急は観光路線としての用途に力を入れ始める。新宿～小田原間をノンストップで走る「週末温泉急行」が1935年に登場。土曜日の13時55分に新宿を出発し、小田原に15時25分着と所要時間は90分。当時、鉄道省の東京～小田原間の特急列車が90分程度で両駅間を結んでいた。いかにノンストップとは言え、それに伍するスピードを出せた「週末温泉急行」は、なかなかに大したものである。

観光路線としては、山の箱根に対して海の江の島も重要だ。江戸時代にはすでに、江戸から大山を経て江の島に至る観光ルートが存在しており、葛飾北斎の『富嶽三十六景』にも「相州江の島」として描かれている。江ノ島線の開通以前にも、東海道線、江ノ島電気鉄道が開通しており、大正期には海水浴場としての地位も確立されていた。また神奈川県も観光地開発に本腰を上げ始めていた時期でもある。

しかし、県央部から小田原までの間は小さな村落があるだけだった小田原線同様、江ノ島線も藤沢までは何もない土地だった。その後の開発は当初から織り込まれてはいたが、開業時に地元住民の足として使うには、その住民が少なすぎるという小田原線と同じ問題があった。だからこそ、新設ほやほやの新宿～片瀬江ノ島間に往復きっぷの大幅な割引や周遊券などを設定し、観光路線として売り出していくことになったのだ。

それぞれ1927年、1929年と続けざまに開業した小田原線と江ノ島線だが、この時期に開業したというタイミングは、あまりよくなかったのかもしれない。折しも関東大震災での復興の最中に、世界大恐慌の勃発。もちろん日本経済も大きな影響を受けてしまう。この影響もあって小田原線も江ノ島線もなかなか軌道に乗らず、観光路線としての宣伝も、なんとか売上を伸ばしていくための必死の施策だったようだ。
開業からしばらくは、小田急にとっては苦しい時期が続いていくことになる。

小田原急行が与えた沿線への影響

開業時からしばらくは苦境が続いたとはいえ、鉄道の開通が沿線に与えた影響は大きかった。多摩川以西において通勤需要は非常に低調であったことは先述の通りだが、多摩川以東、もともと人家が少なく田畑や水田地帯であった現在の世田谷区にあたる地域は、小田急の開業によって住宅地として大きく発展した。小田急開通直後の様子は、たとえば豪徳寺駅であれば、「豪徳寺からガードをくぐると、線路のすぐ向かい側に当時駐在所があり、その近くに一軒家があるだけで、そこから南の方は全部畑で豪徳寺の森を見ることができた」と地元の方が回想するほど、本当に何もない場所であったらしい。

現在、世田谷区には小田急の駅は10駅設置されており、これは沿線の市区町村としては最多である。その東端に位置する東北沢から、車両工場があった経堂あたりまでは開通の5年後には早くも住宅地化が起きており、特に下北沢はたちまち商店街ができるほどに発展した。また1933年には後述する帝都電鉄（現在の京王井の頭線）が開通し、渋谷・

新宿に1本で行ける便利さも相まって、下北沢駅周辺の発展はさらに勢いづく。1927年の開業年度には2500人ほどだった下北沢駅の1日あたりの平均乗降者数は、5年後には5500人、1940年には1万5000人を超えている。ここまでの増加はほかの駅では見られない。世田谷区全体でも、開業直前の1925年には8万8000人ほどだった人口は1935年には21万人、1940年には28万人にまで増えている。

多摩川以西も見てみよう。記録を見ると、多摩川をわたってから小田原に至るまでの駅の乗降者数は開業後10年間、実はほとんど変わっていない。自治体の人口も同様だ。新原町田駅（現在の町田駅）の乗降者数に至っては減少すらしている。1928年に1日平均1402人だったのをピークに、1936年は955人と実に3分の2まで減ってしまったのだ。横浜鉄道（現在の横浜線）の開業以降、町田町の人口自体は増えていたものの、八王子街道の宿場町としての機能が低下したことで、宿屋や飲食店が衰退したことも遠因となっているのだろう。

さらに西へ進んだ厚木町は、小田急の誘致にもっとも協力的だった自治体のひとつであった。それもあってか、相模厚木駅（現在の本厚木駅）は開業直後から、地元住民たちによって積極的な開発が行われたようだ。特に北口は一面の水田だったところがその所有者が土地を提供し、幅4m、長さ360mの道路を全額自費で建設、さらには街灯まで設置されたという。また伊勢原は今もなおそうであるように、鉄道が通ったことで大山参詣の玄関口として大きく認知されるようになり、開通当時は「沿線第一の名勝地」として宣伝されるほどだった。以西、秦野などでも土地を売る交渉はともかくとして、自治体や有力者たちには概ね好意的に迎えられたようだ。

ただこのような努力が実を結び始めるのは、数字を見ればわかるように開業からしばらく経ってからのことであり、開発を後押ししなければならなかったであろう当時の小田急の苦労が偲ばれる。しかし沿線自治体との関係の良好さは、後に小田急グループが神奈川全域にわたる交通網を握っていくにあたって、大いに影響したことだろう。

都市開発の失敗

小田急電鉄が設立される以前より、渋沢栄一の田園都市計画に刺激を受けていた利光鶴松は、鉄道の敷設とその沿線の開発を同時に行うことを目論んでいた。田園都市計画が後の東京急行電鉄と密接に結びつきながら発展したことに範をとったのだ。

小田急沿線の高級住宅地と言えばまず世田谷の成城が挙げられるが、実はこれは小田急が直接関与したものではない。当時成城小学校の主事であった小原國芳はこの地に鉄道が通ることを耳にし、１９２５年、成城学園を牛込区（現在の新宿区）から移転、さらに周辺の土地を買い集め区画整理し売り出したのだ。成城学園前という駅も、学園側からの要望によってできた駅である。小田急開業とともに住民が増え始め、結果的に小原の目論見は成功する。小原は実はこれによって得た資金を、当初から玉川学園を創始するためのものとしていた。１９２９年に玉川学園が完成、同時に玉川学園前駅も開業し、小原は成城の時と同じ手法で周辺の開発を進めてゆく。

では小田急が直接行った都市開発は何があるのかといえば、田園都市に触発されての「林間都市」である。林間都市はその名の通り、現在の大和市から相模原市南区にかけての林間に作られた。まだ手つかずだったその地は雑木林であったことから、「田園」に対しての「林間」なのだ。現在でも「中央林間自然の森」など、開発以前の面影を残す緑地は多い。この雑木林の中に広大な住宅地を整備し、またテニスコートや野球場、相撲学校を開校させ、そこからすぐ西の座間に遊園地まで作ろうとしたのが利光の林間都市計画だったのだ。さらに教育機関も整備される。１９２９年、利光の息女である伊東静江を園主とした大和学園（現在の聖セシリア女子中学校・高等学校）が開校した。林間都市が完成した暁には、この地に日本の首都を遷都させる計画まであったというから、そのスケールの大きさには驚かされる。

また現在の中央林間、東林間、南林間の各駅は、江ノ島線の開業から1941年までの間、それぞれ中央林間都市、東林間都市、南林間都市という駅名だった。同じく1941年まで新座間駅（※）は、1937年より座間遊園駅に改称されていた。なぜ「都市」「遊園」という単語が削られてしまったかというと、一言で言えば林間都市計画が頓挫してしまったからだ。

理由は多岐にわたるが、最大の問題は都心からの距離だった。今でこそ便利になったが、当時は電車は1時間に1本、新宿まで1時間。東急の田園都市線が乗り入れるのは1984年なので、半世紀以上も後のことである。さらに販売価格の高さもあって、1939年、つまり江ノ島線の開業と同時に売り出されてから10年経っても、予定数の3割程度しか販売できなかった。

もちろん販売に際してさまざまな手は打っていた。たとえば購入者に対して新宿までの乗車運賃の3年間無償化、その後も割引が受けられるようにするなど、主に通勤の面での便宜はいろいろと図られたのだ。しかしそれでも如何ともし難い都心までの遠さ、昭和不況、さらに追い打ちをかけるように戦争の激化もあって、林間都市計画は中止を余儀なくされてしまう。

東急と田園都市計画は震災後の住宅需要にうまく乗り、しかし小田急と林間都市計画はスタートから10年も経たない間に中止となる。いかに当時の時流というものが激流であったかが垣間見える。

※現在の座間駅は開業時の新座間駅であるが、開業時の座間駅は現在の相武台前駅である。駅名の変遷はそれぞれ、新座間（１９２７年７月28日〜）→座間遊園（１９３７年７月１日〜）→座間（１９４１年10月15日〜現在）、座間→（１９２７年４月１日〜）→士官学校前（１９３７年１月１日〜）→相武台前（１９４０年12月15日〜現在）。別の時期に同じ名前の別の駅であり、さらに同じ年に開業、改称しているのに月日が微妙にずれているなど、少々ややこしいことになっている駅だ。

小田急の遊園地、向ヶ丘遊園地

林間都市計画は沿線住民を増やすための計画だったが、それが相模原台地に作られた理由のひとつは、やはり多摩川以西からの利用客は少ないであろうという予測を、小田急も認識していたからだろう。事実、開業後も先述のように多摩川以西の乗客の少なさは顕著で、ここに苦慮していたことは容易に見て取れる。

向ヶ丘遊園地（1952年、向ヶ丘遊園に改称）という遊園地を小田急が鉄道線と同時に開業させたのは、多摩川の向こう側にも乗客を誘引させる強い魅力がなくてはならない、という理由があったからだろう。1927年上期の第八回営業報告書には「向ヶ丘遊園地は本線開通と共に四月一日より開園せり。本社は之を以て一面本線の培養に資し、一面遊園地自体の自営自給の方針の下に漸を追て進みつつ」あるとされている。沿線の魅力を増進させつつ、遊園地自体も独立して利益を上げられるよう計画されていたことがわかる。

さらにこの時期は私鉄各社による遊園地建設が相次いでおり、東京近郊でも玉川電気鉄道によって1922年に玉川第二遊園地が、田園都市会社によって1925年に多摩川園がオープンしている。これらには関西私鉄の雄である阪急が、宝塚のレジャー開発によって大きく発展したことの影響も大きいだろう。

向ヶ丘遊園地は最初の計画では稲田登戸駅（1955年に向ヶ丘遊園駅に改称）のすぐ南側にある枡形山に作られるはずだったが、土地取得が難航、急遽駅から1㎞ほど南東に離れた場所に作られることになった。そのため、駅から遊園地まで豆汽車を走らせており、これは戦後に同じ場所を走る向ヶ丘遊園モノレール線の元となった。

しかし林間都市計画が本格的に始まるころになると、向ヶ丘遊園地は小田急から顧みられなくなってしまう。遊園地自体は魅力的ではあっても、直接的に住民を増やせるわけではなく、体力的に余裕のなかった小田急は住宅開発により力を入れざるをえない状況だったのだ。記録に残されることも少なかった戦前の向ヶ丘遊園地は、実質的には無料の自然公園のようなものになってしまっていたらしく、1942年に陸軍の訓練場として接収、その後しばらくの間は営業を停止せざるを得なくなってしまった。

帝都電鉄の開業

1890年代から1930年くらいまでの約40年間、日本中でさまざまな鉄道計画が起こっては設置され、あるいは消えていった。利光鶴松もさまざまな計画を起こし、小田原急行もそのうちのひとつであることは先述の通りだ。

消えていった計画のひとつに、1925年に環状運転を開始した山手線のさらに外周にもうひとつ環状線を作る、というものがあった。ただその事業者は資金難、調整不足等々に晒されあっという間に頓挫、小田急を開通させた利光鶴松が、その手腕を買われて

１９２８年に事業を継承することになった。また同時に渋谷と吉祥寺を結ぶ路線の免許を持っていた会社も同様に、資金難から利光の傘下となった。利光は１９３１年にその両者を合併させて、２路線の実現に乗り出す。

ただ利光自身も小田急を開業させたばかり、しかも林間都市計画もなかなかうまくいかない状況下にあり、建設の容易さと予想される収益の高さから、ひとまずは渋谷〜吉祥寺間の路線を優先させることになる。１９３３年、社名を帝都電鉄とし渋谷〜井の頭公園間を開通、翌年に吉祥寺まで延伸し、全通となった。都心から郊外へ伸びる路線としては比較的遅い時期に作られたこの路線は地形に沿って線路が上下せず、既存の交通網への影響を抑えるため高架・掘割を多く用いての敷設となっている。その工事は池ノ上〜下北沢間、井の頭公園駅周辺の高架や、下北沢から明大前に至るまでの掘割など、当時としては先進的なものだった。また当然、小田急との乗り換えは勘案されており、２０１９年まで下北沢での改札内乗り換えが可能であったのはこのような経緯からであった。

しかし残る一方の計画は利光の事業環境のさらなる悪化から実現されることはなく、１９４０年、経営の合理化を図るために帝都電鉄は小田原急行に合併され、小田急帝都線となった。ちなみに京王電鉄は１９９８年に現在の名称に改称されるまで、京王帝都電鉄という社名だった。この「帝都」という語はもちろん、利光の帝都電鉄からである。

「小田急電鉄」の発足と大東急時代

帝都電鉄を合併した翌年の1941年、小田原急行鉄道株式会社は「小田急電鉄株式会社」へと改称される。

当時、大日本帝国は総力戦へ向けてさまざまな事業の整理を断行しており、電力分野においても電力管理法という法律を基に日本発送電という半官半民の会社を設立、利光の鬼怒川水力電気もこの会社に組み込まれてしまう。これを機に利光は鉄道事業を本業とするべく、社名を変更したのだった。

しかし小田急には、鬼怒川水力電気の事業継承者として国から電力事業への投資を課されており、また利光が小田急と共に手を出していた中国での金鉱山の事業が失敗。この状況から事業を回復することを困難と見た利光は、小田急電鉄を含めた一切の経営権を東京横浜電鉄の五島慶太にわたし、実業界から引退することになる。

1942年、五島慶太は陸上交通事業調整法の趣旨に則り、また経営の合理化を目的として、すでに経営権を得ていた京浜電気鉄道と小田急電鉄の2社を自身の東京横浜電鉄に合併、社名を「東京急行電鉄株式会社」とした。これがいわゆる「大東急」の始まりである。さらに2年後の１９４４年には京王電気軌道を合併、東横電鉄の子会社であった相模鉄道の鉄道事業の委託も受け、大東急は戦中から戦後の混乱期にかけて巨大な鉄道王国となったのだ。

合併されてからは、小田急小田原線・江ノ島線は東急小田原線・江ノ島線と呼称され、小田急帝都線は東急井の頭線と改称された。この時期日本はすでにアメリカとの戦争を始めており、観光輸送など望むべくもない時代となっていて、週末温泉急行も東急への合併直前から運行されなくなっていた。

度々やってくるアメリカの爆撃機にとって、人員や物資を運ぶ鉄道路線およびその車両は重要な攻撃目標であった。さらに物資は不足し修復もままならないおかげで、運行は困難になる。また改正陸運統制令や金属類回収令を根拠として、政府が不要不急線と指定した路線が廃止や休止、あるいは複線の単線化がなされ、これにより撤去された線路は、重要路線への転用や、武器等の生産のための金属になった。

小田急の関連路線では、江ノ島線が過剰設備と認められて１９４３年に藤沢～片瀬江ノ島間が単線化、その線路は相模鉄道の輸送力増強に転用された。１９４２年ごろからの相模原地域には陸軍士官学校や海軍の関連施設の建設が相次ぎ、その影響を大きく受けたと言える。小田原線に関しては、それら軍関連施設による乗客の増加があったようだ。また1943年に海老名国分駅（現在の海老名駅とは別の駅）が廃止、1945年には南新宿駅と参宮橋駅の間にあった山谷駅が休止（のちに廃止）となった。

車両の稼働率も極端に落ち込んでおり、1944年7月の段階では在籍車510両以上を有し、毎日464両程度を運行させていた大東急は、東京大空襲を受けた直後の1945年6月には実働車が319両にまで落ち込んでいた。

鉄道もまた、戦争によって大きく蝕まれたのだった。

大東急からの分離と新生小田急

1945年に戦争は終結した。以降日本は、1952年4月までGHQによって治められ、非軍事化、民主化を進めてゆくことになる。大東急は1945年の9月に臨時戦後復興委員会を設置、復興・復旧に励みつつも、GHQからの要請を受けて小田原線などで進駐軍の専用列車を運行することになる。

鉄道事業の本格的な復興は1947年ごろから始まるが、このころ同時に経営環境も大きく変わってゆく。三井や三菱、住友などの大財閥は解体され、大東急の実質的な創始者・指導者であり東條英機内閣の運輸通信大臣でもあった五島慶太は、公職追放を受ける。ただ1951年の公職追放解除までの間も、非常勤ながら複数の会社に役員として就任しており、幹部はことあるごとに五島に相談を持ちかけ指示を仰いでいたとされるあたり、さすが五島慶太である。このような状況の中、巨大鉄道会社であった大東急は解体要請こそなかったものの、社内での分離・再編成の機運が高まっていく。

そして1948年、大東急は解体されることになるのだが、その急先鋒を務めたのは小田急系の社員たちだと言われている。

合併される以前から小田急社員は、非常に小田急電鉄に愛着を持っていたとされている。それは利光が小田原急行の設立時に、自身の郷里である大分と、今後敷設される線路の沿線住民を積極的に採用し、また反対に鉄道事業の経験者を一切採用しなかったことに始まる。事実、小田急は労使の対立が他社と比して少なく、たとえば日本私鉄労働組合総連合会（私鉄総連）が1956年に行ったストライキでは全国の私鉄が計15社も参加したのにもかかわらず、小田急は参加しなかった。また小田急は京浜電気鉄道、東京横浜電鉄と比べて非常に採算の悪い路線であったことから、合併時からお荷物扱いされていたようだ。

冷遇からの上層部への反発は、大いに考えられるところだ。

このような理由からか、大東急の解体の動きの中で小田急は1948年6月、京急、京王とともに大東急を離脱、独立することになった。ただし井の頭線は、経営基盤が脆く、また沿線も大きく被る京王電気軌道に譲ることになる。小田急側はもちろん大反対をするも、以前から協力関係にあった箱根登山鉄道と、東急傘下であった神奈川中央乗合自動車（現在の神奈川中央交通）という神奈川県内の各地域で力を持つ2社を譲渡されることをもって矛を収めた。こうして新生小田急は小田原線と江ノ島線の2線でのスタートになったのだ。

週末特急、そしてロマンスカー誕生へ

新生小田急電鉄は早速、箱根観光へのテコ入れを始める。独立して2ヶ月後の8月には特急の試運転を開始し、10月には週末限定で、新宿〜小田原間のノンストップ特急が「週末特急」として運行開始されている。朝のラッシュに使った車両をすぐに車庫で清掃、シートに白いシーツをかぶせて午後には特急として走らせたのだ。これによって、終戦直後の時点では2時間半かかっていた新宿〜小田原間は100分となり、50分も短縮されることになった。ちなみにこの所要時間は将来的に60分となるよう目標が設定されていたが、そ

れが達成されるのはまだ先のことになる。

翌１９４９年には念願の新造車両が手に入り、同年10月からは毎日１往復の特急運行が始まる。新宿～小田原間の所要時間はさらに短縮されて90分となり、また同時に「走る喫茶室」と呼ばれるサービスも始まった。食堂車ともまた違うこの新しいサービスは評判を呼び、新造車の黄色と青で鮮やかに装った外装と相まって、小田急の新生を高らかにアピールするものであった。小田急はこの列車を「ニュールックロマンスカー毎日運転」というポスターによって宣伝し、これが小田急の「ロマンスカー」の呼称の始まりとなったのだ。

この呼称は、映画館である新宿武蔵野館が当時、２人がけのペアシートを「ロマンスシート」として売り出していたことにヒントを得てのものだと言われている。ただしロマンスカーという言葉自体は１９２７年、京阪電気鉄道が進行方向に向いた２人がけの席を装備した車両をそのように呼称し、売り出したことが最初である。さらにその後も南海、参宮急行（後の近鉄）、東武などほかにも多くの鉄道会社がロマンスカーという名前の列車を運行させていた。それが小田急の特急列車の代名詞となるのは、もう少し後のことである。

ちなみに他社がロマンスカーという呼称を使用しなくなった１９９０年代に、小田急は「ロマンスカー」を商標登録しているため、他社がロマンスカーを名乗ることはもうないと言っていいだろう。

また小田原線の箱根登山鉄道への乗り入れは、大東急からの分離以前から計画されていたものの、小田急の軌道幅は１０６７㎜の狭軌レール、箱根登山鉄道は１４３５㎜の標準軌レールと、お互いに異なるものだった。そこで小田原～箱根湯本間を３線軌条、つまり片側のレールを共通として、残り２本のレールをそれぞれの軌道幅に応じて敷設することで解決し、また使用電圧の違いも克服、１９５０年に直通を開始する。

それと同時に特急列車にそれぞれ「あしがら」「明神」「はこね」「乙女」という列車愛称がつけられ、また新宿～小田原間はさらにスピードアップ、所要時間は終戦直後からわずか5年で約半分、80分まで縮めたのだ。利便性の向上と新しいサービスによって、小田急の特急列車はさらなる評判を呼び毎日3往復に増発、それでもまだ需要に応えられないほどの人気に押され、ついに専用列車の新造が叫ばれるようになるのだ。

箱根山戦争

同時にこのころ、箱根の開発が慌ただしくなってきていた。小田原までの路線を持ち、箱根登山鉄道を傘下に収めている小田急電鉄およびその後ろ盾となった東急グループと、西武グループとが、箱根の観光利権を巡って大戦争を繰り広げていたのだ。小説家の獅子文六はこれをモチーフに「箱根山」という小説を著し、またそれが映画化されるまでに至ったことは、この争いがいかに激しく、いかに耳目を集めるものだったかを物語っている。

戦前より箱根の観光開発に未来を見ていた西武の堤康次郎は、1920年代から後の箱根登山鉄道である小田原電気鉄道と提携して周遊きっぷを売り出し、自らのグループ内企業である駿豆鉄道に路線バスを走らせ、また箱根の土地の取得などを積極的に行っていた。この時期、東京横浜電鉄の五島慶太も箱根開発に参入し始めていたものの、このときの堤は自身のみが箱根を開発するよりも競争相手がいた方が好ましいと考えていた。

しかし戦後になると、西武グループの駿豆鉄道（後の伊豆箱根鉄道）が戦前から敷設していた自動車専用道路に1950年、箱根登山鉄道が路線バスを走らせようとしたことを契機に、一気に関係が悪化。また芦ノ湖の遊覧船においても、戦前からある駿豆鉄道の遊覧船に対し、同じく1950年に箱根登山鉄道が地元の有力者とともに箱根観光船を設立。争いは激化する。

その後も桟橋の設置や路線バスの路線免許、協定の破棄などさまざまなレベルで争いが連鎖して起こり続ける。また朝鮮戦争の特需による好景気から観光需要は大幅に増加していたため、その大量の観光客が生み出す利益は大きく、それもこの争いに拍車をかけた。

そして、最終的には西武が小田急の株式を買い占めに走るまでに至ってしまう。これは結局失敗に終わるものの、運輸大臣が調停に入ってやっと収まるほどの騒動であった。ただ、買い占めこそならなかったものの、西武は相手会社方の株式を所有することになり、小田急側もまた同様に西武グループの株式を持つという、のっぴきならない状況は続いた。

その後、伊豆箱根鉄道（1957年に駿豆鉄道から改称）所有の自動車専用道路を神奈川県が買収、小田急はその道路を使わなくても観光客を輸送できる箱根ロープウェイを設置し「箱根ゴールデンコース」を完成させる。これは新宿からロマンスカーで箱根湯本、登山電車で強羅までゆき、そこからケーブルカーで早雲山、さらに桃源台までをロープウェイで移動して、観光船で芦ノ湖をわたって元箱根へ、最後にバスで小田原まで戻るという、小田急グループ内だけで箱根をぐるりと回れるものだ。

騒動の元となっていた道路が県道になり、小田急も自社だけで箱根観光を完結できるようになったことに加え、再度運輸大臣が両者の調停に入ることで、1961年に箱根山戦争はようやく終結を見たかのように思えた。しかしその年末、伊豆箱根鉄道が告発した箱根登山鉄道の道路運送法違反に関する訴訟が箱根登山鉄道の無罪となると戦争が再燃、

１９６８年に決着するまで揉め続けることになった。ただそれより少し前、１９６６年にお互いが買い集めた相手会社株を相互に引きわたすことになり、それに際して小田急、箱根登山鉄道、東海自動車、駿豆鉄道の４社が集会して協定書に調印したことをもって、事実上は終結していた。

小田急の観光輸送の核となる特急列車の必要が声高に叫ばれたのは、このような観光開発戦争や行楽需要の高まりもあってのことなのである。

特急専用車両と御殿場線直通列車

さてロマンスカーである。箱根湯本への直通運転が始まって半年、１９５１年の２月に念願の特急専用車両が登場する。それまでの車両はラッシュ時には通勤列車、それが過ぎてから観光列車に、という用途に応えるため、特急でありながらロングシートを備えているなど、ある意味中途半端な車両だった。新たに登場した１７００形という車両は、さすがに専用車両という特徴をいくつも備えていた。

座席は全席２人がけの転換クロスシート、「走る喫茶室」としての喫茶カウンターを備え、また乗降口も３両編成のうち前と後ろの２両に１カ所ずつのみとなった。内装は壁面が桜材などにニス塗りで天井が白色の化粧板である。前面は展望を考慮しての二枚窓を採用。塗装は先代から引き続いて青と黄色。さらに2編成目からは、神奈川県の県花であり、その後の小田急ロマンスカーのシンボルとなるやまゆりのエンブレムも備え（1953年に第1編成にも装備）、一層華やかになった。第2編成の投入時には座席指定も開始、いよいよ観光用の特急列車という感が出てくる。

しばらくはこの2編成に先代の車両を加えての運用であったが、さすがに先代との間に装備の差がありすぎたことに加え、営業成績も非常に良好であったため、1952年の8月にはもう1編成を新造しての計3編成で小田急の特急ロマンスカーが運行されることになる。同年12月には新宿〜小田原間はさらに短縮されて76分に。この影響は江ノ島線にも波及し、同年7月から片瀬江ノ島まで、ビール樽を列車に積み込んでの「納涼ビール列車」という列車が運行され始める。

朝鮮戦争勃発などによる好景気、いわゆる神武景気によって人々の生活の質は大幅に向上し、その時流に乗る形で特急専用車両1700形の特急ロマンスカーは世間一般に広く認知されることになった。その行楽需要の高まりはとどまることを知らず、1954年、小田急はかねてからの目標であった新宿〜小田原間の60分運転達成を目指し、新型特急車両の新造を決定した。しかし新型車両は計画段階、しかも画期的なものとなるべく計画されているため実現にはまだ時間がかかる。そこで1955年、将来の通勤列車への転用を視野に入れた2300形4両1編成を、それまでのつなぎとして投入。

また同年には新松田駅手前から国鉄松田駅を経て御殿場線に乗り入れる形での特別準急が登場することになる。この計画はもともと、戦時中に東海道線が破壊された時の迂回線として計画されていたものまで遡ることができる。御殿場線はまだ非電化であったため、小田急は専用のディーゼルカー、キハ5000形を新造する。これによって箱根へのアクセスは東側からだけでなく北側からも可能になり、また御殿場は富士山への行楽客も見込めるという算段もあったようだ。

ちなみにこのキハ5000形は、そもそも小田急は最初から電車の路線であり、また御殿場線も1968年に電化されたこともあって、結果的に小田急の歴史上、唯一のディーゼルカーとなったのだ。

沿線住民の増加と開発の活発化

さて、次章で新生小田急の本格的な成長を見ていく前に、戦後の沿線人口と開発の様子を先に見ておこう。どれだけ人口が爆発的に増え、開発が進んでいったかを理解しておくことで、小田急がどれだけ急いで対応しなくてはならなかったのかがわかるだろう。

沿線人口の伸びは、やはり世田谷区がすさまじい。小田急の独立直前、1947年時点で35万人だった人口は、3年後には40万人を超え、5年後には52万、さらに5年後の1960年には65万人にまで達している。5年ごとに、実に10万人以上ずつ増えているのだ。成長速度が異様なまでの下北沢はともかく、ほかの世田谷区の主要駅でもだいたい10年ごとに1万人ペースで1日の平均乗降者数が増えている。ちなみに下北沢は1946年からの10年間で2万4000人から5万人と、2万6000人増えての倍増だ。

多摩川以西で目を引くのが町田の発展だ。新原町田駅は、世田谷区の主要駅よりも速いペースで乗降者数を増やし続け、1日の利用者の平均は1955年に2万5000人を超える。この数字は新宿、下北沢、藤沢、経堂に続く、小田急で五番目となるものだった。その5年後には藤沢と経堂を追い抜き、さらにその5年後の1965年にはついに下北沢までも追い抜いて、町田は新宿に次ぐ一大ターミナル駅へと変貌した。

これは町田が都心のベッドタウンとして期待されたことで、近隣に次々と大型住宅団地が建設されたことも大きい。中でも町田市成瀬から横浜市緑区奈良町（現在は青葉区）にかけて造成・分譲された宅地は小田急の開発地としては最大の800区画にも及び、公団住宅の中高層集合住宅も含めると最終的には2400戸、1万人に及ぶニュータウンとなった。

またこのような開発は新駅の誕生も呼び込む。町田以外でも、1960年に百合ヶ丘に公団住宅が建てられたことを機に百合ヶ丘駅が開業し、同年、藤沢市の開発計画にもとづいて同市の善行地区が開発されることが決まり、それに合わせて善行駅が誕生することになる。このような開発などが輸送量を増大させ、列車編成の長大化、列車運用のさらなる合理化、それに伴う駅舎の改築などが行われる。そのおかげでさらに便利になった沿線は発展の度合いを高めながら、西へ南へと、開発地区を伸ばしてゆくことになる。

またこの時期、さまざまな大学も沿線に進出してくる。1945年、経堂に東京農業大学がやってきたのを皮切りに、相模大野に帝国女子専門学校（現在の相模女子大学）、生田に明治大学、専修大学の一部の学部のキャンパスが建てられ、その後も桜美林大学、国士舘大学、東海大学などが沿線にやってきた。

戦時中は接収されていた向ヶ丘遊園地も、小田急の分離独立とともに再整備が始まる。目玉は1951年から運行された空中ケーブルカーだ。正門から園内中央の山頂部までの約250mを3分で登るこのケーブルカーは大変な評判を呼んだらしい。さらに翌年にはさまざまな遊戯施設などを園内に整備した上で、入園料をとる本格的な遊園地へと変貌。入園者数が1年を通して安定するのはしばらく後になるものの、ともかくそのスタートは上々だったようだ。

またその後、まず1952年に名称を向ヶ丘遊園地を向ヶ丘遊園へ、そして1955年に稲田登戸駅を向ヶ丘遊園駅へと改称。さらに1966年、それまでの豆汽車、豆電車に代わって、向ヶ丘遊園駅からの足として、モノレールが登場する。それまでのものとは異なり、これは地方鉄道法に基づいたれっきとした路線で、正式には小田急向ヶ丘遊園モノレール線と言った。運行開始から向ヶ丘遊園の閉園前年の2001年までの35年間、向ヶ丘遊園にやってくる人たちを迎え続けてくれた。

このような沿線の整備や大学の誘致、宅地開発に加え、先述の箱根の観光開発による影響はとてつもなく大きいものだったと言える。これらが「ロマンスカー」を誕生させ、また育ててゆき、小田急の顔にまでなる素地となったのだ。

コラム1

まぼろしの小田急球団

１９４９年の11月27日、それまで8球団1リーグ制だったプロ野球が分裂するか否かという騒動の最中、朝日新聞の朝刊にこんな記事が掲載された。

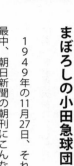

曰く「新リーグのひとつは名称セントラルリーグで、巨人・阪神・中日・太陽（編注：翌年から松竹）の既成球団と、大洋漁業・西日本新聞・広島・小田急の八チーム」になるのだという。しかし結果として１９５０年のシーズンは巨人・大阪（阪神）・中日・松竹・大洋・広島・西日本パイレーツに国鉄スワローズの8球団で行われることになった。さらに翌年には西日本パイレーツはパシフィックリーグの西鉄クリッパーズと合併、西鉄ライオンズとしてパ・リーグに参加。１９５３年には松竹ロビンスが大洋ホエールズと合併し、以降セ・リーグは6球団となって現在に至っている。

小田急がプロ野球経営に参加することは結果的になかったが、実は社内で検討が進められるところまではいっていたそうで、梅ヶ丘の根津山（現在の羽根木公園）に球場を作る構想もあったらしい。再編以前のプロ野球には鉄道系の球団として、阪神の大阪タイガース、東急フライヤーズ、南海ホークス、阪急ブレーブスがあり、１９５０年からパ・リーグに西鉄クリッパーズ、近鉄パールスの2球団を加え、計6球団も存在していた。ほかにも、1軍を持たない2軍のみの球団、山陽クラウンズを山陽電鉄が同年に誕生させており、1951年から3年間は、中日ドラゴンズの経営に名鉄が参画していたなど、各地の鉄道事業社がプロ野球とかかわっていた。鉄道事業者がこれだけ野球に力を入れることができたのは、財閥解体後に残った会社としては規模も大きく、鉄道路線を観戦客の足とすることもでき、球団の存在は沿線の魅力にもなりうる。またデベロッパーとしての役割も持っていたため新球場の建設も容易であったためなど、いくつもの理由が考えられる。

事実小田急は自社の球場として、その時すでに林間都市開発の際に作られた野球場や向ヶ丘遊園の野球場を所有していた。この時期のプロ野球の球場不足問題は深刻で、特に東京においてはプロ野球で使用できる球場は基本的に後楽園球場のみ。神宮球場はこのころまだプロ野球と人気を二分していた大学野球の専用球場で、散発的にプロ野球の試合も行われていたものの、球団本拠地となるのは1962年の東映フライヤーズの使用からである。球場を所有していたことも、プロ野球の参入を噂された要因のひとつだったのかもしれない。

ちなみに小田急に代わってプロ野球に参入した国鉄だが、当時は門司鉄道局や仙台鉄道局など、それぞれの地域の鉄道局が社会人野球の名門として名を馳せていた。しかし球界再編に伴ってプロ野球に選手を引き抜かれてしまうことになり、また労使対立の悪化もあったため、国鉄内の一致団結を図るためのプロ野球参入だったようだ。ただし、国鉄法によって直接の運営はできないため、当時『交通新聞』を発行していた交通協力会や駅売店を運営する鉄道弘済会など国鉄の関連法人によって株式会社国鉄球団を設立、これが球団運営にあたることになった。

もし本当に小田急が球界に参入し、梅ヶ丘に球場を作っていたら、沿線風景も今の風景とは全然違ったものになっていたかもしれない。

第2章

新型特急車両のロマンスカー

「ロマンスカー」誕生前夜

1949年時点で小田急にはロマンスカーと呼ばれる列車はすでに存在し、運行されていた。それは十分にわかった上で、しかしやはり「ロマンスカー」と呼ばれるべき列車は、SE（Super Express）こと3000形からであると言いたい。さまざまな先進的装備に、驚くべき高速運転。それまで四角い箱型こそが列車であるという概念を覆した流線形の美しい前面を備え、以降多くのロマンスカーの基本色となるバーミリオンオレンジにグレーと白のラインのコントラストの鮮やかさにはハッとさせられる。やはりこの配色、この形こそロマンスカーだ。

この画期的な列車は、その開発計画からして異色であった。1953年、国鉄鉄道技術研究所の「東京ー大阪4時間半」構想が報道されると、運輸省はこの構想に興味を示し、日本鉄道車両工業協会に委託して「超高速車両委員会」を設置。1954年9月に提出された同委員会の報告書は、7両編成、列車長100・9m、電動機出力110kw×8、定員224名で最高速度150km／hを開発目標とするものだった。

先述の通り、最終的に新宿～小田原間を60分で結ぶことを目標にしていた小田急はこの計画に着目。小田急の担当取締役であった山本利三郎は鉄道技術研究所に対し、小田急の新型車両への開発協力を要請した。実はこの計画の基礎研究において中心を担い、その後新幹線の開発にも大きくかかわることになる島秀雄は、山本と友人関係にあった。また島はこの時点で国鉄を離れていたものの、かつての部下を通じて研究所に影響力を行使できる立場でもあったようだ。

小田急と国鉄は、共に都心から小田原を結ぶ列車を運行していたライバル同士であったものの、高速鉄道計画が国鉄本体から懐疑的に見られていたことが、結果的に小田急と鉄道技研の手を握らせることになる。島と鉄道技研としては、私鉄が先行して開発・導入してしまえば国鉄も後を追わざるをえず、また研究成果の実地確認も行える。このような思惑から鉄道技研は小田急の要請を快諾し、両者が協力して開発を行うことになったのだ。

ただこのような先進的な車両開発に対し、小田急の社内からもさすがにここまでは不必要ではないか、整備は大丈夫なのかなど反対意見が噴出、１９５５年の秋には計画は一旦棚上げとなる。だが、翌１９５６年春に国鉄が準急「あまぎ」を運行開始することが判明。これは貨物路線として使われていた品鶴線を経由することで、新宿を出発して大崎から東海道線に乗り入れることを可能にしたもので、つまり現在の湘南新宿ラインと同じ線路を通る列車であった。新宿～小田原間を基幹路線とする小田急としては、自社の観光輸送に大きな影響が出ると判断し、棚上げとなっていた新型車両の計画を再開、開発を急ぐことになった。

2ヶ月後の同年5月には車両の仕様が決定、翌月には早くも製造が開始される。構造は、山本が1935年、国鉄勤務時代に提出した「関節車（連接車）を導入することで騒音・動揺・乗り心地を改善した上で、先頭部を流線形にし、駆動方式も吊り掛け駆動方式から改良して騒音を低減した高速電車」という構想を引き継ぐことにし、新型車両では車両同士の連結部分に台車を設ける形の連接台車を採用することになった。この方式は小田急のカーブの多い線路にも有効であることなどもあって、SEからNSE、LSE、HiSE、VSEと、以後多くのロマンスカーに引き継がれることになる。かつてのロマンスカー独特の「タタン、タタン」という一拍子の心地よいジョイント音は、この連接台車のおかげだ。

また日本で初となる本格的な鉄道車両の風洞実験、ディスクブレーキ（付随台車）の採用などさまざまな新技術が惜しげもなく投入される。ほかにも高速走行時に車両の浮上を防止し、排障器の役割もあったスカート、電球の一部に反射板を設けたシールドビームを装備。以前までは特急から通勤車両への格下げまでを見込んで車両の耐荷重を定員の250%としていたが、この格下げを見込むという考え方を思い切って止め、耐荷重を定

SE（3000形）

員の１３０％まで減らすことで車両重量を削減した。

１９５７年には最高速度試験が行われる。カーブの多い小田急線での試験では１２７㎞／ｈが限界だったが、ＳＥ運行開始後の同年９月、営業運行される前の編成を利用して国鉄東海道線を試験走行した際には、当時の狭軌鉄道としては世界最速の１４５㎞／ｈを記録した。

SE（3000形）の登場

そして１９５７年の７月６日、特急ロマンスカーとしてＳＥが運行開始される。そのスマートな外観、圧倒的なスピード、華やかな内装とサービスは大きな話題となり、連日の満員を記録する。箱根湯本駅には、この列車の運行開始を祝して歓迎アーチが建てられるほどだった。

そして前述のように9月に狭軌鉄道の世界最高速度をマークすると、この試験に同乗していた各メディアは、東京と大阪を結ぶ超特急電車計画の実現に向けた大きな一歩だと報道。世界最速、最新鋭の特急列車としてのSEの存在感はさらに高まり、人気は加熱する一方になる。国鉄側もこのテストを、新幹線の開発に向けた実証実験のひとつと位置づけていた。実際に1963年に新幹線のモデル線区間で256km/hの速度記録が樹立された際には、新幹線開発の中心のひとりであった三木忠直は「SEの試験を元にした計算の通り」としている。

また、現在も鉄道の愛好家による団体としては最大規模を誇る「鉄道友の会」は、SEの世界最高速度記録に対して顕彰を行うべきだと考え、その年にもっとも優れた車両形式に与えられるブルーリボン賞を設立。その栄えある第1回を1958年、SEに授与した。ちなみに小田急のロマンスカーは、2022年時点ではEXE（30000形）以外のすべての車両がブルーリボン賞を獲得している。同年内には小田急の特急車両はすべてSEとなり、新宿から小田原まで67分、1961年には64分まで短縮されることになった。

ただ小田急の主要な車両工場であった経堂工場では、1編成8両、全長108mで、車両切り離しが行いにくい連接車のＳＥへの対応が難しかった。また重心を低くして安定性を高めるために低床化もされていたＳＥは床下作業のしづらさがあり、なお且つ制御装置の点検も側面からはできない仕様になっていたため、検査員はそのような中であっても床下作業を強いられていた。連接車を切り離すためのリフティングジャッキを急ぎ増設するなど対応はしたものの、抜本的な解決は１９６２年に大野工場が稼働し始めるまで先送りとなっていた。

１９６２年には冷房を設置。運行開始当初は、重量の増加や客席数の減少の要因となってしまうため見送られていたものの、小田急に対抗するべく登場した他社の特急列車が冷房を装備していたこともあり、小田急としても冷房がないままにしておけない状況だった。1両に２台ずつ設置され、それに伴って各車両４席ずつ計32席が撤去された。

１９６３年にＮＳＥ（３１００形）が登場することによって主役の座を譲ることになるＳＥであるが、その後も御殿場線への乗り入れ時に編成を短縮、ＳＳＥ（Ｓｈｏｒｔ ＳＥ）として運行され続け、10年の耐用年数として設計されたＳＥは１９９２年に引退するまで、実に35年もの間、小田急線を走り続けたのだった。

小田急ピポーの電車

ＳＥ（３０００形）はその特徴的なフォルムや鮮やかなカラーリング、最先端の技術と圧倒的なスピードによって人気を博したが、子どもたちからの支持もまた絶大で、「ピポー電車」や「オルゴール電車」という愛称でも愛された。これはＲＳＥ（２００００形）とＥＸＥ（３００００形）以外のすべての歴代ロマンスカーに搭載されている、補助警笛装置からきていたものだ。

まだ遮断機のない踏切があったこの時代、列車が来ることをけたたましい警笛ではなく、心地よい音によって知らせようと搭載されたこの装置は、踏切近辺の人に警告を発するためのものではなく、優しく気づいてもらうための装置であった。またこれは、アメリカの蒸気機関車が鐘の音で到着を知らせていたことにヒントを得て搭載されたという経緯がある。

ＳＥにはヴィブラフォンで演奏された音楽をテープに録音し、先頭車両につけた拡声器でエンドレスに流す形のものが搭載されていた。ＳＥ補助警笛装置が普通の警笛ともっとも大きく異なる点は、危ない時や標識がある時に鳴らすのではなく、運行中は常に流し続けていたという点だ。これもまた、特に沿線地域の子どもたちから愛される要因となったのだろう。

小田急は、このとてもわかりやすい特徴を宣伝にも活用する。1961年から「小田急ピポーの電車」という曲をボニージャックスとザ・ピーナッツに歌わせ、テレビCMで流したのだ。当時のテレビCMは今のものよりもずっと尺が長く、2分少々あるこの曲はおそらくフルコーラスで流されていたはずだ。「おだきゅうおだきゅう、ピポピポー」と歯切れのいいリズムでコーラスが繰り返され、歌詞にはケーブルカーなど箱根観光の要素も盛り込まれた。

また1970年の映画『富士山頂』のラスト近くには、「ピポー」というロマンスカーの補助警笛が聞こえてくるものの、電車自体は姿を見せないというシーンがあった。このシーンを採用した担当者は、以前であれば蒸気機関車の汽笛だったところ、蒸気機関車はすでに過去のものになりつつあるので、新時代にマッチした音としてこの音を採用したのだと言う。この映画で使われた音がSE、NSEどちらのものなのかは定かではないが、補助警報装置の音はそれほどまで印象強かったのだ。

しかしこの装置の難点は、テープで再生しているためにそのテープが伸びてしまうということにあった。おそらく最初はキレのいい感じだったのだろうが、だんだんに間延びしていってしまっていたらしい。そのような問題があったからか、NSE（3100形）ではテープからトランジスタ発振器に変更され、LSE（7000形）やHiSE（10000形）では電子音となった。しかしずっと鳴らし続けるという形も、環境権という権利が認知されるようになってきてからはうるさすぎる、騒音公害だという訴えも出てきてしまったらしい。最初は新宿駅を出てから多摩川をわたるまでは取りやめ、1980年代には小田急線内で常に鳴らされることはなくなってしまう。

騒音問題となってしまったこともあって、前述の通りEXEには搭載されなかったが、VSE（50000形）ではミュージックホーンとして復活、MSE（60000形）やGSE（70000形）にも搭載され、列車の出発・接近を知らせる際に活躍している。ロマンスカーの先頭車両に乗る際には、ぜひこの音にも注目してみてほしい。

話をSEに戻そう。そんな経緯があってだんだんと鳴らされなくなっていった補助警報装置だが、しかしSEがSSEとして御殿場線を走っている間だけは、人家がそれほど多くない山間を川沿いに走っていくという線形もあって、主に国鉄からの要請で鳴らし続けていたようだ。記録を見つけられなかったが、1992年に新宿駅から唐木田駅まで最後の運行をした際にも、間延びした補助警報装置をがんばって鳴らしてくれていたのだと思いたい。

神奈川の交通の覇者としての小田急グループ

小田急は大東急からの分離独立時に神奈川中央乗合自動車と箱根登山鉄道を手に入れていたが、１９５３年には江ノ島鎌倉観光電鉄（現在の江ノ島電鉄）もその傘下とし、また神奈川中央乗合自動車は１９５１年に神奈川中央交通と名を改めた。神奈中は２０２２年現在における東日本最大のバス事業者であり、日本バス業界のリーダーと目されるにまでなっている。

このようにして小田急グループは、自社とそこに属する交通事業者によって、神奈川県内では圧倒的なシェアを占めるようになった。川崎の東側から横浜、横須賀方面への東沿岸部こそ小田急の関連は薄いが、県央部から県西部にまたがって、小田原線・江ノ島線の各駅をハブとして広大な地域の交通網を一手に担っている。

しかしその一翼を担う神奈中、江ノ電が小田急グループと知っている人は、実はあまり多くないだろう。小田急グループの一員であるというアピールが、他社に比して控えめであるように思える。たとえば神奈川県西部地区には、箱根山戦争の影響もあって、現在も西武グループの伊豆箱根鉄道大雄山線や伊豆箱根バスが走っているが、大雄山線の車内や駅には西武ライオンズのポスターが貼られ、またバスにはライオンマークが大きく入っている。これはどう見ても西武グループなのだろうと一目してわかるのだ。

　このような例からしても、小田急はどちらかというと子会社の独立性が強いように思われる。戦前から関係の深い箱根登山鉄道はともかくとして、神奈中・江ノ電の出自は小田急とは無縁だ。小田急はそれを無理に統合しようとするのではなく、独自性を尊重しながら手を携えてやってきたのではないだろうか。また箱根登山鉄道も含め、それぞれの事業者が規模としてそれなりの大きさ、独立採算でも十分経営可能な体力を持っていることも、独立性の高さを支える基盤となっているはずだ。江ノ電も箱根登山鉄道も路線総延長こそ長くはないが、輸送密度の高さから営業係数（100円の利益を得るのに必要な額）が100を上回ることはほとんどなかった。

　そしてもうひとつ、小田急グループの交通事業者は神奈川の外にはほとんどいない点も指摘しておく必要があるだろう。県外にある傘下の公共交通事業者は伊豆の交通を担う東海バスに加え、武蔵野乗合自動車を出自とする小田急バス、そして多摩地域の輸送を担う立川バスくらいだ。

　特に東海バスに関しては伊豆をエリアとすることもあり、箱根観光に力を入れている小田急との距離は近い。小田急バスと立川バスに関しては、小田急が戦後に独立した際に自社バスを持っていなかったことなどが影響し、自社の主要エリアから少し離れていても傘下としたことなどから、小田急グループの中ではちょっと特殊な立ち位置だと言えるだろう。事実労使の関係が良好な小田急グループにあって、もっとも労働組合の力が強いのが小田急バスだ。

ともかく小田急グループは、神奈川の外での交通事業は他社に比してかなり控えめで、しかも県内の事業に関しては相当に優秀な成績を収め続けていることがわかる。これはひとえに、もともと何もなかった県央部を貫いていたことによって、あくまで箱根を中心とした神奈川県全体の整備・開発に力を入れてきたからこそなのだろう。

輸送人口の激増と新宿西口の総合開発

１９５０年代の小田急線新宿駅は、降車ホームを含めても４線しかない状態だった。そのころまでの小田急は他社と比べても、路線延長こそ長大であるが輸送人数自体はそこまで大きくなかったおかげで、４線でもなんとかやりくりしてこられたのだ。しかし戦後日本の人口は誰も予想しえなかった速度で増加の一途をたどり、東京への一極集中、行楽需要の増加も相まって、１９５９年、小田急新宿駅の１日あたりの乗降人数は独立時からの約2倍、19万３０００人を数えるまでになっていた。完全に飽和してしまったのだ。小田急はこれをなんとかすべく、抜本的な解決、すなわち駅の改良工事に取り掛かる。しかし工事中であっても列車の運行を止めるわけにはいかない。当時、新宿駅の発着数は１日に６５０本にも及び、それらを捌きながらの工事は困難を極めた。

また小田急の新宿駅内での位置は国鉄と京王に挟まれている。改良計画自体は大東急時代からすでにありはしたものの、これは同じ大東急に属する京王と共通のものであった。別会社となってからも京王と小田急がひとつの駅を使用するプランなどもあったが、京王の賛同を得ることはできず、諦めざるをえなかった。新宿西口の都市計画の関係もあって単純な拡張は難しい。そこで小田急は、新宿駅の立体化を目指し、１９６０年、第１次の新宿駅改良工事を開始する。４線あった地上部分を３線に減らしホームを広げて乗降客を捌くための空間を設けつつ、地下には2線を用意した。

また将来的に1編成あたりの車両数増加と車両そのものの大型化を見据えてホームも延長、20ｍ級の大型車が8両編成で入ってくることを見越してのものとなった。さらに線路を地上と地下に分離するポイントから新宿駅までは複々線にすることで、新宿から南新宿の間を待避線としても使えるようにした。１９６０年に着工したこの新宿駅改良工事は、

新宿駅地下ホーム

４年もの年月をかけ、１９６４年に竣工した。
このように今後さらに増えるであろう輸送量への対応は万全に見えたが、輸送量の増加は予想を遥かに上回るものだった。その後も輸送量は毎年10％を超える増加を続け、１９６０年代半ばからは多少の鈍化はあったものの増加自体は止まることがなく、再度の改良工事を必要とすることになってしまうが、これは改めて後述しよう。
当時社長であった安藤楢六は、戦災からの復興が一段落ついたころから、新宿駅を小田急の表玄関にふさわしいものに改良すると同時に、駅ビルを建設し、百貨店を経営するという青写真を描いていた。その計画に沿う形で小田急は新宿駅周辺の開発も進め、１９６２年には小田急百貨店を現在の新宿西口ハルクの場所に開業する。新宿西口地区で最初の百貨店であった。ちなみに2022年の10月に、小田急百貨店新宿店本館が再開発により解体されることに伴って、小田急百貨店新宿店はハルクに移転。60年ぶりにハルクの場所に小田急百貨店の旗艦店が戻ってきた格好となった。

また同時に新宿西口の立体広場の建設を新宿副都心建設公社から請け負うと、1964年、その計画の一環として自社駅ビルの建設に着手する。それよりも一足先に着工していた地下鉄ビルは1966年に完成、小田急はこのビルを全館借り受けて小田急百貨店新館とし、その翌年に完成した新宿西口駅本屋ビル（後に小田急新宿駅ビルと改称）を小田急百貨店本館として開業。2022年まで続いた新宿西口の小田急百貨店3館体制ができ上がることになる。

本館の開店当初、一部の列車を「お買い物電車」として特別な外装で走らせ、開店記念乗車券の販売など宣伝に努めたが、これは当時西武百貨店の社長であった堤清二をして「グループの団結と協力ぶりを見習うべきである」と言わしめたほどのものだったようだ。

ロマンスカーの代名詞「展望席」のＮＳＥ（３１００形）

ＳＥの登場によってますます特急の輸送需要が増えてゆくと、特に週末の輸送力不足が顕著になってゆく。箱根山戦争の終結時に、箱根登山鉄道・ケーブルカー・ロープウェイ・芦ノ湖の遊覧船の４つによって箱根をぐるりと巡る「箱根ゴールデンコース」が完成しており、ＳＥの魅力も相まって行楽需要が激増していたのだ。

新宿駅の改良工事が終わる直前の１９６３年、小田急はさらなる輸送力の強化のためにＳＥの後継となる新型車両を投入する。ＮＳＥ（Ｎｅｗ ＳＥ）（３１００形）だ。じきに完成する新宿駅の新しいホーム長に合わせて、全長を11両編成の１４４ｍとした。前年に新しい車両工場である大野工場が稼働し始めていたことも、ロマンスカーの大型化を後押しした。

ＮＳＥの最大の特徴は、なんといっても展望席だ。これは乗客に展望を楽しんでもらうだけでなく、客室を大きくすることで輸送力の強化にも寄与した。日本初の展望車であることこそ名鉄７０００系パノラマカーに譲りはしたものの、小田急がその後も展望席付きロマンスカーを矢継ぎ早に投入したこともあり、小田急ロマンスカーはその代名詞としても有名になっていく。

NSE（3100形）

NSE（3100形）試乗会

ただ前面展望席を設けたため、運転席は2階の、車両先端部よりかなり後方に設置されている。そのため視認性に問題はないとは言え、運転士がその独特の速度感などをつかむのには苦労したらしい。運転席へ入るには下から収納式のはしごで登る形になっており、室内のスペースもかなり狭い。また客室には当然冷房は装備されていたが、ロマンスカーの運転席に専用の冷房が装備されるのは、なんと最新のロマンスカー、ＧＳＥになってからのことである。

塗装はSEからイメージをそのまま引き継ぎ、バーミリオンオレンジにホワイト、グレーの３色。内装に面照明を採用し、ソフトな車内空間を演出した。喫茶カウンターも拡充され、側面の窓も大きな固定窓となって眺望も改良、その豪華さはSEに比してさらに大きく進歩したのだ。

もちろん速度面でも進歩があった。ＳＥでの小田急線内の試験走行時に、直進時の加速性能よりもカーブ時と上り勾配時に減速を抑えることが重要であると確認されたため、カーブ時の遠心力を抑えるためのアンチローリング装置の設置、またトルクを強めた駆動系の設計を採用した。試験走行では１３０㎞／ｈを記録、新宿～小田原間の所要時間は最短62分まで短縮された。目標に掲げていた60分まであとちょっとのところまで来たのだ。

NSE（3100形）ブルーリボン賞受賞式

運行開始の翌年、１９６４年の春には江ノ島特急を定期化し、またＳＥに続いてのブルーリボン賞を受賞。１９６５年には毎日運転に増発され、１９６６年には向ヶ丘遊園と新松田に停車する小田原特急「さがみ号」を新設した。今でこそロマンスカーは、新宿～小田原間においていくつも停車するようになっているが、このさがみ号が途中駅に停車する最初のロマンスカーである。１９６７年には、江ノ島特急が新原町田駅（現在の町田駅）に停車するようになった。新宿～小田原間の60分運転まであと少しの所まで来ていながら、激増する輸送需要に対応するために、こうした途中停車が必要になってきたのだ。

通勤需要への対応

１９５０年度において１日平均約22万人であった小田急の輸送人員は、５年後には31万人、さらに５年後の１９６０年には48万人にも達した。それ以降も都心への通勤圏はどんどん広がってゆき、小田原線では本厚木駅、伊勢原駅、秦野駅から、江ノ島線では湘南台駅からの通勤客も増えてくる。増加する一方の輸送量への対応としての新宿駅の最初の改良工事については先に見た通りだが、それ以外にももちろんさまざまな手を打っている。

ソフト面では１９５９年のダイヤ改正が挙げられる。通勤を主体とした平日ダイヤとは別に、行楽輸送を主体とした休日ダイヤを設定。急行列車への車両割当を変更し、新宿〜小田原間が78分で到着できるようになった。これは現在の快速急行とほぼ同じである。また近郊区間では通勤時の列車をすべて4両編成とし、通勤急行を増発させることでラッシュ時の輸送力を増強した。それ以外にも特急列車はすべてロマンスカーになり、同時に新宿から江ノ島への行楽輸送にもテコ入れがなされるなど、通勤輸送対策に偏りつつあったロマンスカーの状況にバランスがもたらされた。

ハード面も見てみると、1962年には相模大野駅のすぐ西に大野工場が誕生。現在は海老名検車区大野出張所が統合されて大野総合車両所となり、まさに車両検修の心臓部となっている。大野工場は、それまで使われていた経堂、相武台の両工場の老朽化、さらに経堂は開発著しい住宅地の真ん中に位置することから拡張が難しかったこともあり、まったく新しい車両工場が必要とされていたことから建設されたものだ。

この時期に投入された車両としては2600形が特に重要だ。1964年に登場したこの車両は、1両20mの大型車だ。この車両の登場に伴って新宿〜相模大野間のホーム有効長の延伸が行われ、その後の大型車の登場に先鞭をつけた形になった。最後の車両が引退したのは2004年だから、実に40年もの長きにわたって活躍した名車である。ちなみに

2600形

小田急百貨店開業を記念した「お買い物電車」の役目も、当時最新の車両であった２６００形が担っていた。

ロマンスカーが通勤客へ対応し始めたことも特筆すべきだろう。１９６７年に新宿駅から大野工場への回送時に新原町田駅まで客扱いとして運行したところ、利用客が大いに増えたらしい。江ノ島特急も新原町田駅を停車駅とするようになり、さがみ号は本厚木駅にも停まるようになった。この後も次々と停車駅が増えていくが、それもこれも、私鉄観光特急の王者たるロマンスカーでさえ通勤需要に対応しなくてはならなかったほどに、沿線人口と都心への通勤圏の拡大があったのだ。

このようなハード面、ソフト面での進化に

よって、ダイヤの密度は高く、列車の編成長は長くなり、速度も上がっていった。するとそれらが影響して、それまでの運行体系では安全性に問題が出かねなくなってきた。小田急は既存車両にさまざまな安全装備を設置しつつ、レールもより長く、頑丈なものへと変更してゆく。また電力部門も近代化され、それらが総合されることで、安全を担保しつつも全体の輸送量を増やしてゆくことができたのだ。

多様化するレジャーと多角化する事業

1960年代も後半になると、「一億総中流」の時代が始まる。人々の生活にも余裕が生まれ、さまざまな娯楽や生活環境の向上が求められる時代になってきたのだ。小田急も先述の小田急百貨店の開業など、さまざまなサービスを開始することになる。

小田急百貨店によって流通業界に参入することになった小田急は、スーパーマーケット部門にも乗り出す。Odakyu OXだ。1963年の株式会社オー・エックス設立時、小田急沿線にはまだスーパーマーケットはほとんどなく、また買い物のしやすさは沿線の魅力を高めることにもなることから、1号店を相模大野駅に、2号店を成城学園前駅に相次いで設置。これは駅構内の鉄道用地を活用して建設したものだ。同業他社と比べて比較的高級志向のスーパーであることも、ＯＸの特徴のひとつである。１９６６年には小田急駅構内の売店を経営していた小田急商事と合併、存続会社はオー・エックスであったが社名を小田急商事として現在に至っている。

この時期活況を呈していた不動産業界の例に漏れず、小田急本体の不動産部門も順調であった。１９６４年には小田急不動産を設立。小田急本体の不動産部門は残しつつも、新会社は沿線外にも進出し、マンションの建設・分譲・賃貸なども幅広く行うことを目的としていた。他社に比して交通事業への比重が大きい小田急にとって、小田急商事と小田急不動産は、その後鉄道事業以外の経営の核となってゆく。

レジャーに目を向けると、箱根山戦争終結の前後にもその一帯の開発は続けられており、１９６２年に箱根レイクロッジ（現在の小田急箱根レイクホテル）、姥子ホテルなどを開業。箱根観光船は１９６４年に海賊船スタイルのパイオニア号を就航させる。これはアメリカのディズニーランドに範をとり、17世紀のヨーロッパ風帆船を忠実に再現したものだ。子どもたちを中心に爆発的な人気を呼び、その後のスタイルを確立させたものだった。筆者も子どものころ、芦ノ湖の海賊船に乗るのをとても楽しみにしていた思い出がある。観光開発は箱根のみにとどまらず熱海や真鶴など近隣地域にも進出してゆくのだが、小田急の足元をしっかり固める社風はそれ以上に手を広げようとさせず、どちらかというと手堅い事業展開となった。

沿線地域では1965年に大山ケーブルカーが誕生し、大山は参詣以外にも、手軽な登山・ハイキングのための山として賑わっていく。また前章で触れた向ヶ丘遊園にも手が入り、1965年、客足が少なかった夏と冬の時期に向けてプール・スケートリンクを開設。1966年に誕生した先述のモノレールは赤と銀のカラーで塗装され、ロマンスカーを彷彿とさせるものだった。空中ケーブルカーは1967年にお役御免となるが、代わりにリフトとして生まれ変わる。催事やアトラクションも好調で、向ヶ丘遊園は大盛況となった。

ちなみに1960年、向ヶ丘遊園は地元川崎市へさらなるPRをするために、大洋ホエールズの本拠地であった川崎球場に広告を出していた。三塁側フェンスに掲出されたその広告は、上々の首尾であったようだ。というのも前年最下位だったホエールズがエース秋山を中心に大奮闘、日本一にまでなるのだから、お茶の間に映る機会もかなりのものだったのだ。しかし日本一になった影響から広告料は値上がりし、結局この1年限りの広告となったようだ。

多摩線の開業と千代田線への乗り入れ

さて１９７０年、小田急の３本目の路線となる多摩線の工事が始まる。１９６０年代に入ると東京都と建設省（現在の国土交通省）の内部でニュータウン計画が構想され、その候補地として南多摩丘陵一体が選定された。従前の団地の規模を遥かに凌駕する計画であることから、大規模で地価もまだ低廉である必要があり、また十分に通勤圏内であることが決め手となったようだ。

１９６６年にはニュータウン事業が具体的に始動、同時に交通機関の整備も進められる。すでに免許を得ていた京王と小田急は、京王は１９６８年に、小田急は１９７０年に多摩ニュータウンへの線路の工事を開始した。

小田急は当初、喜多見から京王の調布駅の南側で多摩川をわたり、稲城以降では京王と並走するプランを立てていた。しかし京王との調整は難航し、また小田急の内部では相模大野駅までの線路の増強の必要性から、多摩線と併せて多摩川に２本も橋を架けるのは不経済であるという意見も出てくる。結果的に百合ヶ丘駅の付近に新駅（新百合ヶ丘駅）を設置し、そこから分岐するルートをとることになったのだ。

１９７４年にはまず小田急永山駅までが、次いで翌年には小田急多摩センター駅までが

多摩線開業、出発式

開通する。開通直後の1976年の時点での乗降客数は小田急永山駅で5000人、小田急多摩センター駅で2000人程度であったが、3年後にはそれぞれ6500人、7700人と増加。多摩ニュータウンの発展と合わせて多摩線も順調に大きくなっていった。

ただし新宿〜相模大野間の輸送力増強が叫ばれていたように、新百合ヶ丘駅以東の線路容量に余裕はまったくと言っていいほどなく、その影響から多摩線は、通勤時間帯のわずかな時間を除いて新百合ヶ丘駅での折り返し運転を余儀なくされていた。すでに京王相模原線は新宿への直通列車を運行させており、通勤需要を満たす路線としては比較的魅力にかけていたことは否めない。よってしばらくの間、小田原線、江ノ島線の主力となっていた２６００形など20ｍ級の大型車は多摩線で運用されることは少なく、１９８０年代まで18ｍ級の２４００形が主たる列車であった。

それでも京王と競合しない黒川地区などの開発や唐木田駅までの延伸（１９９０年）など、多摩線沿線の開発が進んでゆくと輸送量も増加。多摩線列車の地下鉄千代田線への乗り入れ（２０００年）や多摩急行の創設（２００２年）などもあって、今では多摩線開業当時のローカル線のような趣はほとんどなくなったと言える。

また多摩線の開業とほぼ同時期、１９６９年に営団地下鉄（現在の東京メトロ）千代田線が開業、１９７２年には代々木公園駅まで達していた。小田急は千代田線の計画当初から代々木上原での接続を約束しており、１９７８年に千代田線が代々木上原までやってくると相互直通運転を開始する。これにより小田急は、悲願であった都心部への直通を実現させることになった。さらに千代田線は東側で国鉄常磐線にも乗り入れを開始し、利便性はさらに向上することになる。あわせて代々木上原駅から東北沢駅までの０・７㎞が複々線化、これが実質的に近年まで続いた複々線化工事の端緒となった。

小田急カラーの青

この時期の小田急の車両の色は、1949年の1910形が特急として運用されはじめたのを嚆矢として、レモンイエローと青の2色を基本としていた。通勤車両にこの色が用いられ始めたのは1954年の2200形からであり、以降2400形、2600形、登場時の4000形など高度経済成長期を支えた通勤車両はすべてこの色であった。

白と青の車両が登場するのは1969年、5000形の登場からだ。線路容量の問題から列車の増発が難しかった小田急は、増え続ける輸送需要へは基本的に編成増・車両の大型化によって進めてきた。このころまでに各駅停車の大型車化は概ね完了しており、さらなる輸送力の強化のために、それまで中型8両編成であった急行の大型8両編成化が求められるようになったことに応えてのものだ。

アイボリーの地にロイヤルブルーの太い帯を入れたデザインは、ステンレス車両の登場まで小田急の基本色となるが、この帯が太かったことこそ、小田急のコーポレートカラーが強調され、小田急の色といえば「青」というイメージを形作っていったように思われる。

他社、たとえば京王や京成を見るとわかるように、デザインとして帯を入れる場合、細いものが多い。インパクトのある太帯自体は、通勤車両がステンレス化されていった後も伝統として残っている。

それまでのレモンイエローと青の２色塗装はやや重たい感じがあり、なにより青よりも黄色のインパクトが強いデザインだった。新標準色である白に青の太帯のデザインは、シンプルさ、軽快さを感じさせるもので、新宿駅の大改造や多摩線の開業など、改革期を迎えていた小田急にとって、この塗装は爽やかな新しさを感じさせるものであったはずだ。

特に青が強調されたことで、軽快なデザインの一般車両と、重厚で豪華さを感じさせるバーミリオンオレンジのロマンスカー、という対比が生まれることになった。ちなみに箱根登山鉄道はロマンスカーの登場のころから赤を基調としたものになっており、これはもちろんロマンスカーのデザインに合わせてのことだ。この青と赤の対比はその後小田急のさまざまなところで見られるようになり、案内表示のデザインとして優れたものになっていった。

たとえばロマンスカーのきっぷは、小田急のコーポレートカラーである青がさまざまな場所に見える中で、改札の中でも外でもオレンジ色の案内を見つけられれば、そこで必ず買えるはずだ。２０２２年に新宿駅の西口地下に移設された小田急旅行センター新宿西口は、箱根旅行の案内所である「はこね旅市場」を併設し、こちらもやはりオレンジ色で案内されている。

基本色の青にロマンスカーの赤。これが完成した１９７０年前後は、小田急にとっての新しい時代が始まる時期だったのかもしれない。

コラム２

展望席付き特急の原型、ＥＴＲ300セッテベッロ

日本における観光特急車両の代名詞であるロマンスカー、そのデザインの原型がイタリアにあるのをご存知だろうか。イタリア国鉄トレニターリアのＥＴＲ３００である。

１９５３年にデビューしたこの車両は、ジェット機を彷彿とさせる丸みを帯びた前面のデザインを持ち、そこには11席の展望席、２階部分に運転席を備えている。前照灯を装備した台車のカバーも優美な流線型で、イタリア国鉄の名声を世界中に響きわたらせたまさに名車と呼ばれるにふさわしい車両だ。１９６０年にはセッテベッロに続いて、この列車の短編成型であるＥＴＲ２５０アルレッキーノも登場した。

セッテベッロは２両＋３両＋２両という３つのユニットによる７両編成で、それぞれのユニット内は多くのロマンスカーと同じく連接台車構造になっていた。設計最高速度は２００㎞／ｈであり、当時最新の鉄道技術を盛り込んだ高速列車だ。イタリアは日本と違い直線的な線路が多く、その実力を存分に活かした運用がなされていた。曲線部の多いミラノ〜ローマ間においても高速鉄道線が開業すると、最高速度１６０㎞／ｈを記録し、豪華で優美、さらに高速の車両として活躍していた。

１９７０年代まではイタリア国鉄の旗艦列車として、１９９２年に引退するまで40年もの間愛され続

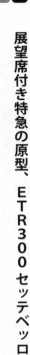

けた車両である。2021年には、アルレッキーノが最新の走行装置とかつての外装で復活し、セッテベッロが今後走行可能になるまで修理中であることも、この列車がどれほど愛されているかを示しているだろう。

特徴的な前面展望が与えたデザイン面の影響も大きく、日本初の前面展望席付き特急列車である名鉄7000系パノラマカー、そして小田急ロマンスカーのSE（3000形）の車両デザインはこのセッテベッロの影響が大であるというのは有名な話だ。SEは計画当初、展望席付きも検討されていたのだが、これはセッテベッロがあってのことだろう。

フィレンツェにて、妻とイタロのETR575

余談になるが、GSE（70000形）が登場したとき、その真っ赤な車両をみて筆者が思い出したのは、やはりイタリアの車両、私鉄特急であるイタロのETR575だった。流れるような車体デザインに真っ赤なボディ、すばらしい内装と充実したサービスなど、共通点は多い。

またGSEでは採用されなかった連接台車がこの車両には搭載されているのも、ロマンスカーを思い出させてくれる大事な要素だ。ちなみに内装は、数々の名自動車やニコンの名機Ｆ３などをデザインしたジウジアーロが手掛け、実際に乗ってみても快適で、飲み物置き場ひとつとってもかゆいところに手が届くすばらしいものだった。

やはり特急列車であるからには、乗るだけで人をわくわくさせるような、特別な列車であってほしいものだ。

第3章

変わりゆくロマンスカー

第2次新宿駅改良工事

先述のように1964年に新宿駅の第1次改良工事は竣工したのだが、それだけではさらなる輸送量の増加に耐えることはできそうにもないことが早々に判明した。そこで、そのわずか8年後の1972年には、第2次改良工事が着手されることになる。この工事の責任者、小田急の建設部長であった秋草祐は、第1次工事にあと10億円の予算を積み増しておけば再度の改良をする必要がなかったのに、と述懐しており、また社長であった安藤楢六も、思い切ってやっておくべきであったと語っている。

第1次工事では線路の増設と大型車が8両編成で入ってくることを見越しての工事だったが、第2次では地上3線地下2線の形はそのままに、10両編成の大型車にも対応可能になるように計画された。工事は完成したばかりの駅の再度の改良ということで、まずできたばかりの地下部分の2線を閉鎖し、当面は地上の3線のみでの列車運用を強いられた。これはロマンスカーを減便せざるをえないほどであったのだから、新宿駅の車両、輸送客の混雑ぶりは半端なものではなかっただろう。また駅の改札方面への延長はほかの建物との兼ね合いから難しく、小田原方面への延長が決定された。しかしそれに伴って地上と地下とを振り分けるためのポイントも小田原方面へと移設もしなくてはならず、その影響で南新宿駅も移設するなど、結果として全面完成まで実に10年もの歳月を必要とする大工事となった。その間、線路の切り替えは大きなものだけで11回、停電回数は2500回というのだから、その苦労が偲ばれる。

1977年に地上に1線がまず完成となり、10両編成の大型車の運行が開始される。1981年に地下部分が完成すると地上部分を閉鎖しての最後の仕上げに入り、翌年に工事完了となる。同時に南口部分も全面的に改良されて他社線との連絡が容易になり、ターミナル駅としてのサービスの強化も図られた。

この工事が完了してからは、小田急は新宿駅の大幅な改良工事は行っていない。1980年代ともなれば人口の増加もかなり落ち着き、それ以上の駅舎の大幅改良がひとまずは不要になったからだ。しかし細かい部分での改良、たとえば自動改札はもちろん多目的トイレやバリアフリー関連の諸設備の設置などはその後も随時行われており、駅としての魅力、便利さの追求は続いている。

町田駅の大改造と小田急線の駅たち

第2次新宿駅改良工事の前年である1971年、小田急は現在の町田駅である新原町田駅の全面改良と駅ビルの建設に着手した。沿線人口は増え続け、また町田周辺に大型団地が続々と誕生している時期だ。新原町田駅は1967年には特急停車駅となり、翌年には1日平均の乗降者数は10万人を超え、すでに新宿に次ぐ小田急第2の巨大ターミナル駅となっていた。このような人口の急増に合わせ、急行・準急はそれまでの6両編成から10両編成での運転を実施する構想が固まっており、新原町田駅もホーム延伸が必要になっていたのだ。

また町田には小田急が走り始める以前から、横浜線の原町田駅があり、後にできた小田急は新原町田駅と名づけたという経緯がある。いまのJR町田駅よりも南に位置していた国鉄原町田駅は、小田急の新原町田駅とは約700m離れており、乗り換えのために走る人も少なくなかった。その通り道であった現在のパークアベニューは「マラソン道路」などとも呼ばれ、町田の乗り換えの不便さの象徴的存在だったため、この乗り換え問題の解消の必要性も強く感じていただろう。

町田市は両駅の間の再開発を決めており、小田急はホーム延伸に併せて、ますます発展していくであろう町田にふさわしい新駅舎と百貨店を想定した駅ビル建設を決定したのだった。

１９７６年、駅名を「新原町田」から「町田」に改称したのに続いて、５年の歳月をかけた工事が完成する。駅ビルは地上３階部分を線路が通り抜けるという珍しい構造になっており、現在も駅のすぐ北側の踏切周辺から、ビルの中に線路が入っていくのがよく見える。当時の町田市は障害者施策において日本一の先進性を誇っており、小田急もこの工事にあたって対応を行った。当時はまだ珍しかった車いす対応トイレや点字用自動券売機などが設置されたのだ。完成した駅ビルは２階から４階を駅施設との併用としつつ、小田急百貨店が新宿に続く第１号支店としてすべてのフロアを使用することになり、町田駅周辺にすでにあったどの百貨店よりも大きい規模を持つ百貨店が誕生することになった。

１９８０年には、現在の町田ターミナルプラザの場所にあった国鉄原町田駅が小田急線側に移設、また同年に小田急も横浜線側にホーム連絡跨線橋および小田急百貨店改札口を移設し、両駅を空中でつなぐペデストリアンデッキも完成。利便性は格段によくなった。これに併せて国鉄も原町田駅から町田駅と改称、両駅ともに町田駅となって現在に至っている。

また１９７６年には、本厚木駅の駅舎改良工事も終了している。２面４線の新駅舎には町田駅と同様にさまざまな福祉設備が設置され、駅周辺の連続高架化や10両編成に対応するためのホーム延伸が行われたことで、1977年から10両編成の急行列車が本厚木から新宿まで走り始めている。この時点でも他路線と接続もしくは連絡運輸を行っていない小田急の駅ではもっとも乗降人員が多く、2021年時点では全私鉄の中でも最多、JRを含めても全国ベスト5に入るほどとなっている。1982年には新宿に先駆けて本厚木ミロードが開業するなど、県央部の中心的な駅として大きく発展した。

また1960年代からは新駅も続々と開業している。1960年に善行と百合ヶ丘が、1966年には湘南台と、団地や工場などの建設が進む地域に新駅が誕生し、1974年には多摩線が営業を開始、新百合ヶ丘および多摩線の各駅（1990年に多摩線延伸に伴って開業する唐木田、2004年開業のはるひ野を除く）が開業、1985年には開成駅ができる。

戦後しばらくの間は、人口の増加に対応するために多くの工事や駅の改良・新設が行われていたが、その中でも1970年代は多摩線、新宿駅、町田駅、本厚木駅など、未曾有の工事ラッシュだったのだ。

17年ぶりの新型ロマンスカー

1970年代のロマンスカーはNSE（3100形）の7編成を主力として、SE（3000形）は1968年に8両編成から5両編成へと改編、愛称もSSE（Short SE）となり、御殿場線へ乗り入れる「あさぎり」として活躍中だった。

このころには高度経済成長も終わり、日本は安定期に入っていた。小田急の鉄道部門はこの時期、先述したロマンスカーの通勤対応や新宿駅の第2次改良工事、ほかにも2600形に続く4000形は1966年から、さらに1969年には5000形といった通勤車両を新たに投入するなど、主に通勤需要を満たすための施策を行ってきた。しかし本来、豪華絢爛で高性能、誰が乗ってもわくわくするような列車であったはずのロマンスカーが、こんな状況に甘んじていて良い訳がない。

1970年代も後半になると、SSEもSEとして投入されてから20年となり、そろそろ代替えをしなくてはならない時期になっていたし、なによりSEが登場した6年後にはNSEが登場しているのにもかかわらず、その後15年以上も間が空いてしまっているのだ。

1978年、ついに新型車の計画は動き始め、翌年にはロマンスカー利用客へのアンケートを行うなど、この時期のレジャーの多様化に対応した斬新なロマンスカーを目指すこと

LSE（7000形）

になった。ただひとつ注目しておきたいのは、この時期以降しばらくの間、ロマンスカーの計画以前から目指されていた新宿〜小田原間60分という目標をあきらめての運用計画が立てられていることだ。車両の能力的には十分に達成できるにもかかわらず、である。これもひとえに沿線住民の増加とそれに伴う輸送量の増大、また県央部も十分に発展し、その地域の駅にも止まらざるをえないという事情によるものなのだ。

そのようにして計画された新型車両はLSE（Luxury SE）（7000形）と名づけられた。SE（3000形）、NSE（3100形）の次に7000形とは意外な感じもするが、新しさを目指す意味でも1桁目の数字を大きくしたかったのだろう。４０００形、５０００形はすでに通勤車両として配備されており、６０００形は千代田線の形式と同じになる。乗り入れ用に千代田線の計画当初の案である地下鉄９号線という名前から９０００形、次期通勤車両として８０００形という名前がすでに視野に入っており、必然的に７０００形に落ち着くことになった。

ＮＳＥの登場時は小田急百貨店や東京オリンピックが背景にあったが、ＬＳＥには小田急の旗艦ホテルであるホテルセンチュリーハイアット（現在のハイアットリージェンシー東京）の開業に合わせたようで、車内通路のじゅうたんやリクライニングシートの導入などはこの経緯が影響しており、まさしくラグジュアリーな車内空間となった。また前面展望、２階運転席などを備えた外観はＮＳＥとよく似ているが、先頭部のデザインはよりシャープになり、スピード感を演出している。当時の安藤楢六会長が「男っぽい車両」を希望していたというから、それがまさしく反映される形になった。

こうして開発されたＬＳＥは１９８０年に運行を開始、翌年にはＳＥ、ＮＳＥに続いてブルーリボン賞を受賞する。１９８２年にはＳＥ以来の国鉄での性能試験を行ったが、私鉄が国鉄・ＪＲでの試験運転を行ったのはこの２例だけである。運行から１年に１編成ずつのペースで増備され、最終的には４編成での運行となった。

続々投入される新型特急車両

ＬＳＥ（７０００形）が登場したわずか7年後、またも新型ロマンスカーが登場する。１９８７年は小田急電鉄の創始から60周年であり、それを記念するべく造られたのがＨｉＳＥ（１００００形）だ。

ＨｉＳＥのＨｉにはさまざまな意味が込められているが、特にハイデッカー、床が高くなったことを表しているのが特徴的だ。この時期、国鉄（１９８７年4月に現在のＪＲ各社へと分割民営化）や各私鉄は観光用の列車に眺望の良さを加えるため、こぞってハイデッカー車を投入した。小田急もその例に漏れず採用した形だ。それに伴って2階運転席もＬＳＥより前方へ移動、さらに前面から愛称窓をなくしたことで、シャープさが増すことになった。また運転席の前方への移動により、前面の傾斜が客室展望窓と運転席とで一体となり、これは最新のＧＳＥ（７００００形）まで続くデザインの元となったと言えるだろう。客室窓も大きくなり、高床化と相まってワイドな景観が楽しめるようになった。走行装置はＬＳＥ（７０００形）と同様のものを採用、どちらかというと最新鋭の装備よりもソフト面での強化がなされた車両である。

ただしこの車両の特徴として多くの人に覚えられているのは、高床化よりも塗装色の変

HiSE（10000形）出発式

HiSE（10000形）の運転席

RSE（20000形）

更だろう。基調となる色を伝統のバーミリオンオレンジから、赤ワインのようなロイヤルケープレッドへと変更したのだ。１９９６年にはＬＳＥが経年対応のためのリニューアルにおいて、ＨｉＳＥと同色への再塗装がなされる。この後しばらくの間、箱根特急といえばこの色のロマンスカーだった。

またその４年後、今度は御殿場線へと乗り入れるための新型特急車両も投入されることになる。１９８７年に国鉄が分割民営化され御殿場線はＪＲ東海の管轄となっていたこの時期、そこに乗り入れる特急車両は未だＳＥを改造したＳＳＥだった。デビューから30年以上経っており、さすがに新車両が必要となっていた。そこで新造されたのがＲＳＥ（Ｒｅｓｏｒｔ ＳＥ）

（20000形）である。1991年に運用が開始されたこの車両の名称は、御殿場までだった乗り入れ区間が沼津まで伸び、伊豆北部に広がる富士山麓のリゾート地へと乗り入れることが元になっている。

またこれを機に、それまで小田急がＪＲに乗り入れるだけだったものがＪＲ東海も３７１系を投入、相互乗り入れとなった。ほかにも、それまで乗務員は全線で小田急側が担当していたが、ＪＲ松田駅でＪＲの乗務員へと交代することになるなど、さまざまな面でＪＲ東海と手を携えていく姿勢が見られるようになったのだ。これは車両の仕様についても同様のことが言える。基本的な仕様をＪＲ側にあわせているので、ＲＳＥには前面展望席の採用が見送られることになり、また連接台車ではなくボギー台車を採用するなど、今までのロマンスカーとは一味違った車両として誕生することになった。

この違いはカラーリングにも表れており、ボディの色は富士山と伊豆の海をイメージとしたオーシャンブルーを基本とし、そこに差し色としてロマンスカーであることを主張するオーキッドレッドを入れるデザインとなった。また３７１系のグリーン車にあわせる形で、ダブルデッカー車を１編成７両のうち２両に採用、そのうち２階席はスーパーシートという名前で２＋１列の並びとした。残る５両はＨｉＳＥと同じハイデッカー車だ。運用開始からしばらくの間はひじ掛けに小型液晶テレビが装備されており、衛星放送も見られる豪華仕様だった。オーディオサービスやスチュワーデスコールボタンも設置されており、往時は飛行機の座席のような印象すら持っていただろう。

しかし残念なことにＨｉＳＥ、ＲＳＥは２０１２年、ＬＳＥよりも先に引退することになってしまった。どちらの車両も足回りはＬＳＥのものとほぼ共通しているが、バリアフリーの観点からハイデッカーであることがネックとなり、２０００年に制定された交通バリアフリー法への対応が難しくなってしまったためだ。とは言え、一部編成については、ＨｉＳＥは長野電鉄へ、ＲＳＥは富士急行へと譲渡され、２０２２年現在も元気に線路を走っている。

どうしても必要だった複々線化

輸送量の増大に対する小田急の対応は、１９８０年代の半ばまでは基本的に車両の大型化と編成増だった。線路容量の問題から、運行本数を増やすことが難しかったのだ。もちろん小田急も運行本数を増やしたかったはずで、そのために手は打っていたのだが実現するまでに時間がかかってしまっていた。

運行本数を増やすには線路容量を増やさなければならない。その時点では上下2本だった線路、つまり複線であった線路を倍の4本、複々線化することで線路容量の増大を図る計画は、およそ60年前、1964年に都市高速鉄道第9号線が計画決定されたことまで遡る。ちなみに都市高速鉄道とは、郊外部から都心、副都心への大量の通勤通学客を輸送するため、交通網を整備する目的で建設される施設で、主に地下鉄や私鉄などの山手線の外側へ向かう部分が該当している。

都市高速鉄道第9号線計画は、現在の東京メトロ千代田線である地下鉄9号線計画と一体となっているもので、この計画に基づいて千代田線との相互直通を前提とした代々木上原～和泉多摩川間の複々線化が決定されると、その後1985年には喜多見～和泉多摩川間の連続立体交差化および複々線化も決定されるなど、複々線化計画に意欲を持っていた小田急や沿線自治体は、計画の実行のために手を携えて事業を推し進めていった。またこれらは東京都の連続立体交差事業とも関連しており、これによって代々木上原駅から梅ヶ丘駅までの線路の地下化も行われたのだが、この事業による補助54号線という道路計画は、その後下北沢駅周辺一帯の再開発問題の中心的な争点のひとつとなってゆく。

こうして進められてきた複々線化計画だが、実際に工事が始まるまでにはかなりの時間を要してしまう。計画が決定した段階から複々線化事業が停滞してしまったのは、今まで見てきたように、小田急はそれまで車両の増備や駅改良など輸送力増強に向けた多額の投資が続いており、複々線化事業はそれらの投資に加えての大投資になるためだ。また、高架化への沿線住民たちの反対運動も、なかなか大きいものだったようで、その調整の難しさもあった。

小田急は和泉多摩川駅から東北沢駅までの工区を狛江地区、世田谷地区、下北沢地区の3つに分割、1989年にやっと最初の工事が始まる。体制が整った狛江地区の和泉多摩川駅から喜多見駅までの区間だ。複々線化と同時に高架化も行われ、同区間内に13カ所あった踏切はすべてなくなり、1997年に工事は完了した。

1994年には世田谷地区の工事に着手。成城学園前駅付近以外はほぼ高架式で計画され、17カ所の踏切が廃止されて、2004年に工事は完了した。また同時に経堂駅は10両編成への対応に加えて上り用通過線を新設、新たに2面5線の駅となった。残る下北沢地区の工事が開始されるのは2004年となるが、これについては複々線化完了後の新しいダイヤ運行とあわせて後述しよう。

複々線区間が代々木上原駅までつながることによって、その効果がはじめて最大限に発揮されることは言うまでもないが、一部区間のみの開通時においても、たとえば新百合ヶ丘〜新宿間の所要時間は狛江地区の完成までは45分だったものが、工事完了後は40分へと5分の減少。その後全区間の完了までは大きく変わらないものの、運用の見直しなどで多少の所要時間改善が見られている。これは優等列車が各駅停車などを追い抜くための区間が長くなったことによる影響が大きい。また線路容量の増加によって運行本数自体を増やせることになって、同区間でのラッシュ時の車内混雑が緩和されるなどの影響もあった。

日本の人口は2004年を、労働人口に限れば1995年をピークに、以降減少を続けている。かつて人口がどんどん増えてゆく中で計画されていた複々線化は、このような状況の中で、もはや効率的且つ直接的に利益を上げるための施策とは言えなくなってきており、乗客の満足度を上げるためのものとして活用される時代が始まっていた。

EXEという「通勤型」ロマンスカー

1996年に登場したEXE（30000形）は小田急ロマンスカーの歴史の中でも、誰もがはっきりと、この車両はまったく別モノだ、と言えるまでに特異なデザインの車両である。今までのロマンスカーとは真逆の役割を持つことが期待され、またその運用に充て

EXE（30000形）

られてきたからである。すなわち、通勤車両としてのロマンスカーだ。

ＳＥ（３０００形）以降、ロマンスカーは観光特急として非日常感を演出し、乗客たちを楽しませてきたが、１９６７年に回送車を客扱いとして使われ始めたのを契機として通勤客の足という役割の期待も増え続けていた。１９９０年代に入るとＮＳＥの老朽化もあり、その代替としての車両新造が決定、通勤・観光どちらも満たすものとして開発されたという経緯がある。

しかしそのデザイン変更のインパクトはあまりにも大きく、ＥＸＥは観光特急としてはほとんど見なされていなかった。分割・併合する運用を見越していたため展望席の採用は見送られ、またハーモニックパールブロンズという茶系統の色を基調とし、ロマンスカーの象徴である赤はワンポイントで入っただけであったため、全体的に「ロマンスカーっぽくない」車両となった。

事実1987年に550万人いた箱根特急の利用者数は、2003年には300万人程度にまで減少していた。観光需要自体がそれまでに比べると落ち込んできた時期でもあり、箱根を訪れる観光客も減少はしていた。しかし観光客全体の減少率が15％程度であるのに対し、箱根特急利用者の減少率は45％にも及び、モータリゼーション進展の影響もあるが、箱根特急としてのEXEは落第点だったと言わざるをえない状況だった。この影響から、2002年からはロマンスカーのイメージリーダーはHiSEに変更されている。

またEXE（EXcellent Express）という愛称は現在まで唯一SEという文字が入っておらず、ボギー台車の採用もMSEの登場までは、小田急線内のみを走るロマンスカーとして唯一のものだった。ブルーリボン賞は1997年度の候補に挙げられてはいたものの獲得することはできず、その年は該当車なしとなり、歴代ロマンスカーの中で唯一同賞を獲得していない車両となっている。

このように観光特急としての期待には応えられなかったEXEだが、本車両登場以前以後の歴代ロマンスカーたちの働きを補完するように、日常の足としての役割は十分に果た

EXE（30000形）は通勤列車としても活躍

している。まずＬＳＥと比して輸送人員の増加は、１編成あたり１３０人も増えた。これは分割・併合が可能なため、小田原までは20ｍ車両の６両＋４両の10両編成、１編成あたり２００ｍとなっており、編成全長１４５ｍのＬＳＥよりもはるかに大きいためだ。

　また箱根湯本駅はＬＳＥでもギリギリのホーム長しかないが、分割可能なＥＸＥは小田原駅で後ろ４両を切り離すことで進入できるようになっており、相模大野駅で切り離して小田原方面、江ノ島方面へ分割して走ってゆくなど、柔軟な運用が可能であることは、ＥＸＥの最大の特徴だ。

　ＥＸＥの投入と通勤用途に耐えうる運用によって、ロマンスカー全体の年間利用者数は、

1987年に1100万人だったものが2003年には1400万人に増加した。2017年以降、EXEがリニューアルしてEXEαとなって再登場することからもわかるように、観光用としてさえ見なければ、非常に「使える」車両であったことは間違いない。EXEもまた、ロマンスカーの歴史の1ページとして大事な車両なのだ。

湘南急行、多摩急行、快速急行

2002年まで、小田急は他社と比べても比較的列車種別の少ない鉄道だった。種別は各駅停車、準急、急行、特急の4種類だけと、シンプルでわかりやすかったのはありがたかったものの、利便性、速達性という面ではさらに改善の余地があった。

1980年代以降は新型通勤型車両も多数登場し、1982年の8000形、1987年1000形、1995年2000形、2001年3000形と20年でこれだけの新型車両を投入。複々線化も進み、その結果運用も変更、どんどん便利で速くなっていたのは間違いない。とは言え、それだけでは多摩川の向こう側に住む沿線住民が得られるメリットが大きくなかったのも事実で、たとえば江ノ島線はこの時期まで小田原線と比べて運行本数も急行の数も少なかった。

しかし2001年、JR東日本が新宿から大崎駅を経て東海道線などへと入ってゆく湘南新宿ラインを誕生させる。運賃の面では圧倒的に小田急が勝っているものの、それでも特に藤沢周辺から都心へ通勤する乗客への影響は大きいと見られた。そこで2002年に誕生したのが湘南急行という種別で、それまで江ノ島線の急行は相模大野駅で分割・併合を行っていたが湘南急行は、10両編成がそのまま江ノ島線に乗り入れる形となり、また停車駅も急行をベースとしながら南林間駅と長後駅を通過、藤沢方面への速達性を大きく向上させた。

湘南急行の設定は、小田原線にも影響を与えた。10両編成の急行列車の大幅な増加だ。それまで相模大野駅、海老名駅で行われていた分割・併合が新松田駅だけになり、新宿〜新松田間の10両編成急行列車の本数は1日あたり50本近く増加した。これも、後の快速急行の誕生への布石のひとつとなっていたのだろう。

江ノ島線・小田原線と同時に多摩線でも大きな動きがあった。2000年にはすでに、多摩線から千代田線に直接乗り入れる急行列車は存在していたが、それでも競合する京王相模原線と比べて圧倒的に不利であったことは間違いない。そこで湘南急行が誕生するのと同時にできたのが多摩急行だ。

多摩急行は全列車が千代田線に直通し、唐木田発新宿行の列車を急行とすることで、列車種別だけで行き先がわかるという意味でも便利な列車であった。設定からしばらくの間は、従来の急行停車駅に加え栗平駅、経堂駅に停車、また登戸駅と連続する向ヶ丘遊園駅には停車しなかったが、2016年以降は同駅にも停車するようになっている。

さらに2004年には湘南急行をわずか2年で廃止して快速急行を設定。梅ヶ丘～喜多見間の複々線化が完了したことに伴っての登場だ。この区間において、複々線化以前は各駅停車が急行列車などを待避できる駅は経堂駅・成城学園前駅のみで、追い越し可能な各駅停車の本数も2本が限界であった。しかし狛江地区・世田谷地区の複々線化により緩急分離運転が実現可能になり、下北沢駅から新百合ヶ丘駅までノンストップで走り抜けるという、小田急沿線住民にとってもはや革命的とまで思えた快速急行が誕生と相成ったのだ。この時期に日々小田急線に乗っていた筆者も、こんなに長い区間で停車駅がなくて本当に大丈夫なのかと思ったほどだ。

登場時は1時間に3本程度運転されており、小田原方面に1本、片瀬江ノ島方面に2本というのをパターンとし、途中での分割・併合はされず全区間10両編成での運行だった。この形のまましばらくの間、大きな変更もされずに運用され続けていくことになる。またノンストップ区間の下北沢～新百合ヶ丘の間は、急行の本数も減ったことで停車する列車の本数も減少することになってしまったが、２００２年に設定されていた多摩急行は先述の通り経堂駅にも停車するため快速急行を補完する形となり、逆に存在感を増すことになった。

２００４年から設定されてはいたもののちょっと影の薄かった区間準急とあわせて、２００４年から２０１６年までの間、小田急のロマンスカー以外の種別は各停・区間準急・準急・急行・多摩急行・快速急行の６つとなって運用されていく。

２０００年ごろまでのロマンスカー運用と列車愛称の歴史

本章では１９５７年のＳＥの登場から１９９６年のＥＸＥまで、ロマンスカーの歴史を中心に見てきたが、改めてその役割がどう変化してきたかを経年順にまとめて見ることで、この間の小田急線の変化をざっとつかむことにしよう。

まず１９５７年にＳＥ（３０００形）が誕生し、その後に続く「ロマンスカーと言えば赤」というイメージを形作った。新宿駅から小田原駅まで67分で結んだこの列車は８両連接で全長１０８ｍ、１９５９年に作られたのを最後に全４編成で運用され、またそのすべてが箱根特急として活躍した。1961年には新宿～小田原間64分を達成、さらに翌年、冷房が設置された。

1963年には多種多様だった列車愛称が「あしがら」「あしのこ」「きんとき」「はこね」「おとめ」の5種類と、御殿場線乗り入れの特別準急「朝霧」「銀嶺」「芙蓉」「長尾」に整理される。ちなみにそれ以前はどれくらい多様だったかというと、1日に走るすべての特急が別々の愛称であり、特別準急も含めると全部で25種にもなった（※）。

さらに同年、NSE（3100形）が登場する。新宿駅のホーム延長にあわせて全長は144mと、SEと比べてかなり大型化され、前面展望を備えたスタイルはその後のロマンスカーの基本となった。1964年にそれまで臨時運行のみだった片瀬江ノ島方面への特急列車が、休日のみではあるものの「えのしま」として定期運行を開始、翌年には毎日運行も始まる。

1966年には向ヶ丘遊園駅と新松田駅に停車する「さがみ」が通勤型のロマンスカーとして設定され、「あしがら」「あしのこ」「きんとき」「おとめ」は廃止、新宿～小田原間ノンストップの「はこね」、片瀬江ノ島行きの「えのしま」へと再整理された。またこの年、特急券を購入すれば定期乗車券でも特別準急を除くロマンスカーに乗れるようになったことは、「さがみ」の設定と共に、通勤需要の増大にロマンスカーが応える形となったことを示している。ＮＳＥはこの年までに全7編成が配備され、これをもってＮＳＥがすべての箱根特急を担うことになった。

１９６８年にはＳＥが短編成化されＳＳＥと改称し御殿場線へ乗り入れることになり、それまで4つあった愛称もひらがなの「あさぎり」に統一、列車種別も特別準急から連絡急行に変更される。また同時にＳＳＥは「えのしま」としても活躍することになる。さらに「あしがら」が復活、新原町田駅に停車するロマンスカーとして「さがみ」に続く通勤特急が運行を開始する。そしてその「さがみ」は本厚木へも停車するようになる。以降、「はこね」「えのしま」「さがみ」「あしがら」「あさぎり」という5種の愛称が長年にわたって定着してゆくことになる。また「あさぎり」以外のロマンスカーの停車駅も、先述のパターンで固定された。

１９７１年に「あさぎり」の新原町田駅停車が開始される。翌１９７２年、新宿〜小田原間の所要時間は最速69分にスピードダウン。さらに上りの「さがみ」の一部が新宿まで運行できず、向ヶ丘遊園終着となることすらもあった。新宿駅の改良工事の影響も大きかったが、線路容量の不足がいよいよ深刻になっていたことを示す一例だろう。

その後しばらくロマンスカーに大きな動きはなかったが、1980年にLSE（7000形）が登場。1982年には新宿駅の第2次改良工事が終了し、以降新宿駅の地上1番線がロマンスカーの定位置となる。1984年からは「あさぎり」の停車駅に本厚木駅が追加、翌年には通勤定期券での乗車も可能になる。

1987年にHiSE（10000形）が登場、1991年には「あさぎり」として活躍していたSSEの引退に伴ってRSE（20000形）が登場する。RSEにはスーパーシートが設定されており、JRのグリーン車同様の料金を小田急線内でも設定して使用したため、ロマンスカーとして初めて2クラス制を採用することになった。同時に「あさぎり」の運行区間は御殿場から沼津にまで延長され、連絡急行だった種別は特急に格上げ、JR東海との相互乗り入れも開始した。またこの1991年の改正時には、1959年から使われていた月曜から土曜までの「平日ダイヤ」と日祝日用の「休日ダイヤ」という区分けが、「平日ダイヤ」と「土曜・休日ダイヤ」へと変更された。週休2日制の浸透が感じられる。1995年には「あしがら」の一部列車の停車駅に本厚木駅が追加され、また1949年から続いていた「走る喫茶室」のサービスも、この年をもって終了となった。

1996年、増え続ける通勤型特急に対応するためEXE（30000形）が運行を開始すると、「はこね」「あしがら」と「えのしま」の一部が新宿〜町田間で併結運転を開始する。さらに「えのしま」の停車駅には大和駅が追加された。新宿〜小田原間ノンストップの列車は「スーパーはこね」に改名され、あわせて町田駅に停車する列車は「あしがら」から「はこね」に名称変更、「あしがら」は全列車が本厚木駅に停車することになった。1998年には「えのしま」と併結運転される「あしがら」「はこね」の停車駅および分割・併合を町田駅から相模大野駅に変更。「あしがら」の停車駅に秦野駅が追加された。運用が大幅に変わったが、分割・併合が可能なEXEの登場があってこそである。

またその運用の変更に合わせるように、1999年には長年固定されてきた列車愛称が変更される。「さがみ」「あしがら」の廃止と「サポート」と「ホームウェイ」の登場だ。主に日中運転の「サポート」と夕方以降に新宿を発車する「ホームウェイ」という形で分けられていた。「サポート」という愛称は不思議な感じがするが、これには停車駅のパターンが増えたことで短距離の利用を促進し、短い区間の特急料金が値下げされたことで、日常の足として乗客をサポートする列車という意味が込められている。そしてこの年、NSEが37年の定期運行に終止符を打った。

次章では、EXEの登場によって役割を大きく通勤需要に傾けたロマンスカーが、再度箱根観光に力を入れていく時代を見ていこう。

※愛称の数は１９５９年に最多を迎える。朝から時系列に並べると、「銀嶺（御殿場線）」「あしがら」「明星（休日のみ）」「朝霧（御殿場線）」「あしのこ」「さがみ」「大観（休日除く）」「仙石」「はつはな（休日のみ）」「湯坂（主に休前日）」「明神」「芙蓉（御殿場線）」「はこね」「長尾（御殿場線）」「乙女」「神山」「姥子（休日除く）」「金時（休日のみ）」「早雲（休前日と休日のみ）」「夕月（主に土曜日）」という名前になっていた。またさらに週末などの多客時に特急より特別料金が安い準特急という種別の列車も運行しており、それぞれ「須雲」「桔梗」「もみじ」「きく」「高原」という愛称であった。この多様な愛称は、当時は手売り、電報連絡での販売システムであり、数字ではなく列車の名前で識別することで、販売員の混乱をふせぐための措置だったようだ。

コラム3

小田急とつながっていた専用鉄道

筆者が生後からしばらくの間住んでいた場所のすぐ近くには、小田急の足柄駅とＪＴの大きな工場があり、その間には日本専売公社小田原工場専用線があった。１㎞にも満たない短い路線で、これは国鉄の線路で運んできた貨物を小田原から小田急に乗り入れて足柄駅でスイッチバック、南に少し進んでから90度曲がって西進、ＪＴの工場に着くというルートだった。

専用鉄道は鉄道事業法によって「専ら自己の用に供するため設置する鉄道であつて、その鉄道線路が鉄道事業の用に供される鉄道線路に接続するものをいう」と定義され、また施設や車両の維持・管理は設置者が行うとされている。この日本専売公社小田原工場専用線は、小田急とつながっていた数少ない専用鉄道のひとつだ。

１９５０年から稼働が開始されており、最盛期には貨車が溢れ、小田原駅、さらには東海道線の鴨宮駅と国府津駅の間にある西湘貨物駅にまで留置されていたほどだったという。また１９５８年には運転業務全般を小田急に委託することになったが、その後は輸送量が減少してゆき、１９８４年に廃止されることになった。１９８３年生まれの筆者は、もしかしたら稼働しているところを見ていたかもしれないが、まだ1歳にもならないころに廃止となっているので、当然記憶にはまったく残っていない。

なおこの路線で活躍していた機関車であるデキ1050形（EB1051）は、その後相武台工場で使用された後に、2003年まで大野工場で場内入換機として稼働し続けていた。凸型の特徴的な形のこの機関車を、車窓から見た記憶がある人も多いだろう。

ついでに小田急の貨物輸送についても触れておこう。小田急にはかつて、デキ1050形以外にも電気機関車が在籍しており、1930年から貨物輸送を行っていた。多摩川、相模川、酒匂川という3つの大河川をわたる小田急は、そこから採取された砂利を運ぶ貨物列車を運行していたのだ。螢田駅や新松田駅からは酒匂川からの、座間新戸駅（現在のJR相模線の相武台下駅）と、入谷駅（同じく相模線）からは相模川からの砂利採取線がそれぞれ存在していた。また東北沢からは東京コンクリート東北沢工場の専用鉄道が伸びており、河川で採れた砂利をその工場などへ運んでいた形だ。

しかしいずれも高度経済成長期に道路や建築物を次々と作ってゆくために活躍した後は、静かに消えてゆくことになってしまった。また小田急は他社と同様、貨物とは別に荷物輸送も行っていたが、こちらも1980年代には消えていった。

日本専売公社小田原工場専用線が現在緑道となっているほかは、もう廃線跡を辿ることすら難しくなっているが、近くを散歩する時には、かつてここにも線路があったのだと思い返してみるのも楽しいだろう。

第4章

箱根とロマンスカーの現在

「きょう、ロマンスカーで。」

１９９１年をピークに減少しつつあった箱根の観光客数や、ＥＸＥ（３００００形）の「通勤型」としての活躍などによって、箱根といえばロマンスカーというイメージも減退していった。ロマンスカーの魅力は、日常の足としての便利さよりも、非日常を感じさせてくれるものでなくてはならなかったはずだ。そこで小田急は広告の力によって、箱根、ロマンスカーの上質なイメージ形成と箱根来訪者のロマンスカー利用促進を図ってゆく。

２００２年、小田急はブランド広告「きょう、ロマンスカーで。」を発表。第１弾のポスターは２種類。ひとつは丹沢の山と青い空をバックに、緑の木々の間を縫うように走り抜ける赤いＨｉＳＥ（１００００形）の姿だった。ポスターの中でロマンスカーが占める大きさは非常に小さいものだったが、それでもロマンスカーの鮮やかな赤は鮮烈で、しかしロマンスカー自体の魅力よりも走り抜ける沿線の美しさに目を惹かれるものになっていた。箱根の宿から富士山を眺めるもう一方のポスターには、ロマンスカーは登場すらしない。

多くの人にとってロマンスカーに乗ることが特別なものであった時、それが特別であるからにはさまざまな思い出とロマンスカーはセットであったはずだ。このコピーと一連の広告は、家族や友達、恋人と行った箱根とロマンスカーを思い起こさせ、また乗りたいという気持ちにさせるものだった。

　ポスターは1年に4回、季節ごとに新しいものが作られ、夏・秋の旅行需要期には旅情を感じさせるテレビCMも放映。このコマーシャルにBGMで使用されている曲『ロマンスをもう一度』は当初懸賞などで配布されるのみであったが、CD化についての問い合わせもあり、2007年にロマンスカー運行開始50周年の記念イベントとして小田急グループの店舗で限定販売された。この曲は同社が開催する鉄道イベントのBGMにもなっており、VSE（50000形）およびGSE（70000形）の車内チャイムにもこの曲が使われている。

　観光の形が大きく変わっていく中、そこに求められる上質さはハード面での豪華さだけでなく、人にどう感じさせるのか、どういう物語を想起させるのかというソフト面にも求められるようになってきた。「きょう、ロマンスカーで。」というブランド広告のシリーズは、こういった需要を満たす広告として大成功を収め、以降に登場するロマンスカーと箱根観光のあり方に大きく影響を与えていくことになる。

復活のロマンスカー、VSE（50000形）

　2002年から始まった「きょう、ロマンスカーで。」の広告での主役車両は、HiSE

（10000形）だった。これはEXE（30000形）が箱根特急としての役割を担いきれなかったことからの措置であったが、誕生してから15年にもなるHiSEは高床式であることも災いしてバリアフリー化の波にも乗れず、世代交代は必至の状況だった。また小田急と同じく新宿～小田原間を走る、JR東日本の湘南新宿ラインは2004年に増発されており、必ずしも箱根に向かうのに小田急を利用しなくともよくなっていたのも、新型ロマンスカーの新造に向かわせる大きな要因となったはずだ。

このような状況の中、2005年に誕生したのがVSE（50000形）だ。VSEのVはVaultの略で、これはアーチ断面を水平に延ばした建築物における天井様式を意味し、本車両の天井がそのように設計されていることからきている。デザインはそれまで社内で設計していたものを、初めて外部に依頼。関西国際空港などを手掛けた岡部憲明アーキテクチャーネットワークがデザイン設計を行うことになった。岡部は鉄道車両のデザインは初めてであったが、フィアットのコンセプトカーなどほかの交通機関のデザインの経験があり、小田急が彼を採用する後押しとなった。

またVSEは箱根特急としてのロマンスカーの復権を掲げた車両であるため、かつて箱根特急の花形として活躍したSEから続くスタイルを踏襲しての設計が求められていた。

VSE（50000形）

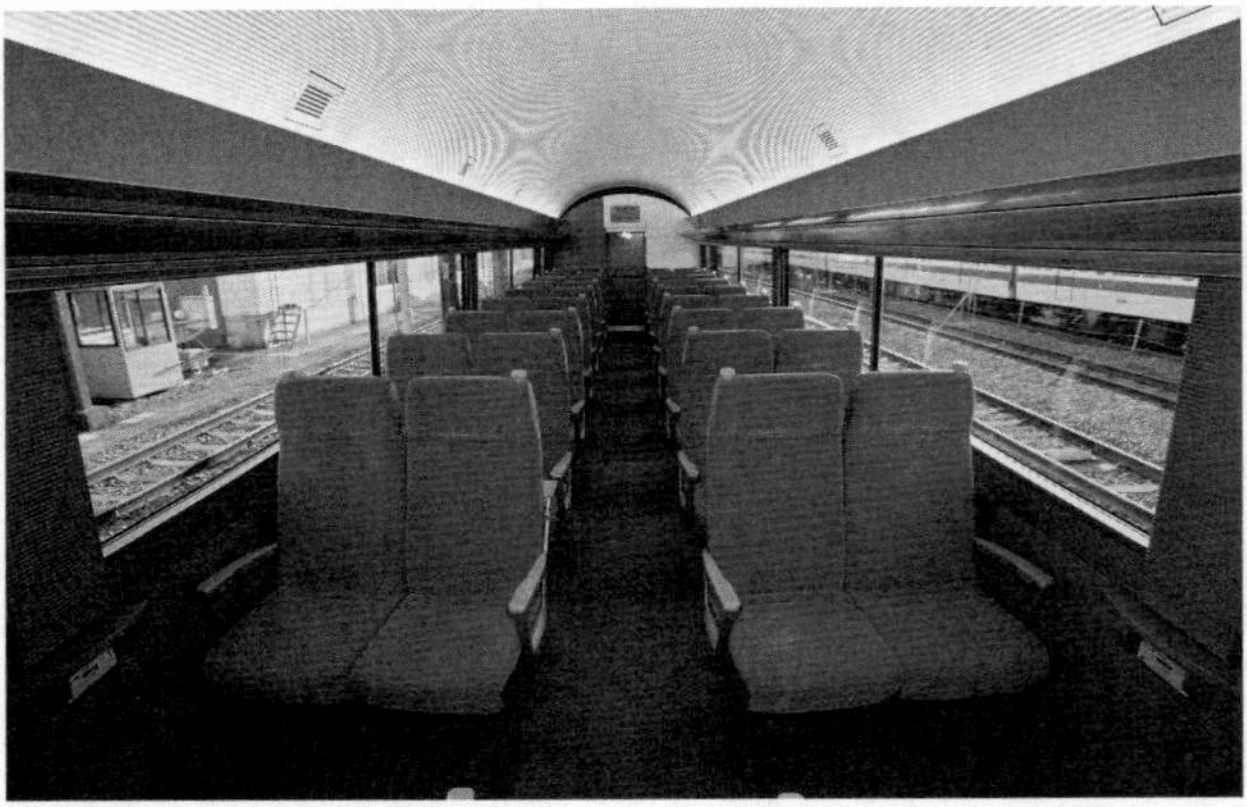
VSE（50000形）中間車車内

ＥＸＥでは採用されなかった連接台車や展望席を備えることは、上記の理由から必須であり、２００１年に小田急が行った調査では、「ロマンスカーの利用を検討したい」と回答した人の多くはその理由として展望席を挙げていたことも、展望席の必要性を小田急に再度認識させることになった。

デザイン面では、それまでよりも広く大きな側面窓や天窓を採用し、明るく眺望のよいロマンスカーとなり、前面の展望窓は３次元曲線のガラスを採用することでピラー（柱）を廃止、ＨｉＳＥとは違う形での前面眺望を提供することになった。車内は暖かみのある暖色系でまとめられ、木質材料もふんだんに使われることで、全体的に柔らかさを兼ね備えた上質さを演出している。

サービス面でも拡充がなされ、1995年に終了していた「走る喫茶室」のサービスが10年ぶりに復活。カフェカウンターも設け、ショーケースも設置された。車いす対応席や、車いす・オストメイト・乳幼児にも対応したトイレも備えつけられ、誰もが安心して利用できるロマンスカーとなっていた。

しかしなんといっても最大の特徴はやはり外観だ。シルキーホワイトを基調とし、そこに伝統のバーミリオンオレンジ、さらにグレーの細帯が入る塗装となった。真っ白いボディによってまったく新しい車両であることを宣言すると同時に、その白の中で際立つ、鮮やかで鋭いオレンジによって、まさしくこれが歴史に連なるロマンスカーであることも主張する、すばらしい出来栄えだった。同時にVSEの乗務員はホワイトを基調とした特別な制服を着用することになり、これもまたロマンスカーの特別感を演出してくれた。そして、この3色は配分こそ違えど、SE・NSE・LSEの外装で使用されたものと同系統であったことも評価に値するものだ。

このようにVSEは箱根観光特急として、他車両と明確な差別化が図られたが、運用面にも同様の配慮がなされた。「はこね」「スーパーはこね」の箱根特急としての列車にのみ運用され、原則として「さがみ」「えのしま」では使用されないことになったのだ。
また２００６年にはブルーリボン賞も受賞、外部からの評価も獲得し名実ともに「箱根特急ロマンスカー復活」を高らかに宣言することになった。

箱根への上質な旅

２０００年前後から箱根の観光のあり方は大きく変わってきた。小田急の所有する土地に１９９９年に星の王子さまミュージアムが開業され、同年新宿駅構内に小田急外国人旅行センターを開設、鉄道業界における「訪日外国人旅行者向け案内所」のパイオニアとなった。日本人観光客には箱根の自然や歴史風土を楽しんでもらうだけなくさまざまな楽しみ方を用意し、外国人観光客の積極的な誘致も始めることになる。

小田急グループによるものではないが、温泉テーマパークである箱根小涌園ユネッサンが２００１年に登場した。若者客、日帰り客へのアピールという意味では画期的なものだった。１９９０年代後半から全国に林立するようになるスーパー銭湯・日帰り温泉施設への対抗と、それに慣れた観光客への対応という形だ。事実このころから、箱根の日帰り温泉施設および老舗旅館の日帰り温泉客への対応が増えてゆく。

２００３年には、小田急グループはかつて箱根山戦争を争った西武グループと箱根観光において業務提携することを発表。両者が落ち込みつつある箱根観光の再起のために手を携えることになる。

そのような中でブランド広告「きょう、ロマンスカーで。」を継続しつつ新型ロマンスカーVSEを就役させた小田急は、その後どのような箱根旅行を演出していったのだろうか。「きょう、ロマンスカーで。」の広告展開を見ていくことで、その傾向がつかめるだろう。

２００２年の広告開始以降、特にポスターにおいてはほとんど人物は登場せず、わずかに写る人間もあくまで背景として扱われていた。沿線の自然の美しさに焦点を当て、かつての柔らかな思い出を喚起するようなものがほとんどだったと言えるだろう。しかしVSE登場時の２００５年春のポスターの主人公は、まだ小学校低学年くらいの少年と少女だ。またそこに載るコピーは「おじいちゃんを／乗せてあげたい」というもの。かつて箱根観光を楽しんだ世代に目を向けつつも、新型車両の登場と共に、新しい世代の新しい旅を提供してゆこうという意志が読み取れる。

その年の夏以降のポスターも、20代から30代への若者世代を主人公としたものになっている。いずれも箱根で「これから」の思い出を作っていってほしいという願いを込めたポスターだ。さらにその後には、家族や同僚といった、働きながら子どもを育てている世代に訴えかける形になってゆく。つまり家族や仲間で、ゆったりとした時間を過ごしてほしい、というのが一連の流れになっていると言えるだろう。

都心からもっとも近い温泉観光地として栄えた箱根は、しかしその近さゆえに長期の滞在をする客が多いわけではない。また1991年をピークに宿泊客数の減少もある。週末の1泊2日という限られた時間の中では、慌ただしく観光してもらうよりも、その少ない時間を贅沢に、余白たっぷりに使ってほしいというのがこの広告の目的、ひいては小田急がイメージする上質な箱根観光だったのだろう。

世の中の働き方は慌ただしくなり、日本がさまざまな面で余裕がなくなってきているのは事実だ。日帰りの観光が増えているのは、そのような世相を反映してのことなのだろう。しかしそうだからこそ、1泊2日であっても豊かな時間を過ごしてほしいし、そのためのロマンスカーであることが必要だったのだ。

小田原・箱根湯本の駅舎改良と駅前整備

箱根観光の需要喚起に際しては、イメージ戦略を立て、VSEを就役させつつも、そのほかのハード面でもさまざまな投資がなされた。特に２００３年、２００９年にそれぞれ完了した小田原駅と箱根湯本駅の駅舎改良工事は、その中でも大きいものだっただろう。

小田原駅の駅舎、特に東口は大正時代に建設されたものを幾度かの改装を経ながらそのまま使っていたものであり、新幹線の停車駅となると同時に整備された西口も使用開始から半世紀近く経っていた。駅構内で買えるお土産なども限られたものであり、改装の必要性は明らかだった。また小田原駅周辺もかつてのような賑わいはなくなってきており、小田原市としても、駅周辺地区の再開発と新駅舎の建設とを同時に行うことで、新たな活力を生み出したいという目論見もあっただろう。

２０００年に着工したこの工事は、まず２００３年に東西自由連絡通路が完成すると、翌年には西口駅前広場が、２００６年には東口駅前広場が再整備された。また２００４年には西口側の新幹線高架下に新たな店舗が、２００５年には東口に駅ビルがオープン。乗り換えは便利になり、駅構内や駅ビルなどでのお土産など買い物需要にも応えられるようになった。特に小田急線部分は、改札を抜けたところから新宿方面を見わたすと、高い屋根と地上の線路が一望でき、ヨーロッパのターミナル駅を小ぶりにしたような印象すら受ける、かっこいいデザインになっている。

また同時期、箱根湯本駅でも従来の駅舎の老朽化が懸念されていた。箱根を訪れる観光客の高齢化も進み、駅舎そのものや、そこからバスやタクシーへの乗り換えなどの利便性の向上が求められていた。誰にでも使いやすい駅を目指し、ユニバーサルデザインに配慮した公共交通施設として2007年に着工、2009年に新駅舎が完成した。

この際、1970年に改装されたときにできた、箱根湯本駅の最大の特徴である連続したアーチ型の外壁がそのままであったことに喜んだ人も多いだろう。やはり箱根湯本駅手前のカーブから見えるこの外壁を見てこそ、箱根にやって来たという感じがある。駅舎の2階部分には土産屋や観光案内所、カフェなども設置され、特にカフェは、店内に箱根登山鉄道の主力として実に100年近く活躍した100形の車両模型が飾られ、窓からは駅のホームを見下ろせるという好立地だ。またバスやタクシーのターミナルにつながるペデストリアンデッキも、駅舎の2階からつながっている。箱根登山線の線路と並行して走る道路には土産屋や飲食店などが並ぶが、道の線路側にはスペースが少なく、反対の早川側に店舗が並んでいる状態であるため、観光客はそれまでは一度道路をわたることを強いられていたが、ペデストリアンデッキの完成により道路を横断することなく早川側にわたれるようになったのも、利便性という点では大きかった。

また同時に、小田原～箱根湯本間を走る小田急線の列車が箱根登山鉄道の車両と同色に塗装し直され、箱根登山鉄道とレーティッシュ鉄道との姉妹提携30周年を記念し、箱根登山鉄道の車両の特別塗装車も登場した。

ちなみに2006年には小田原～箱根湯本間を走る列車がすべて小田急の車両となっており、また2008年には急行列車はすべて小田原止まりとなってしまった。ロマンスカーの箱根湯本への直通は継続されているものの、この区間を途中停車駅なしで乗るにはロマンスカーを使うしかない。小田原～箱根湯本間のみでもロマンスカーに乗ることは可能だが、列車に空きがある時の当日券のみ、両駅のホームだけでの販売となっている。

VSEとEXEのいいとこ取りの地下鉄特急、MSE（60000形）

2005年、小田急と地下鉄は千代田線内にロマンスカーを乗り入れる計画を発表した。この計画に基づいて作られたのが、MSE（60000形）だ。MSEのMはマルチ（Multi）を意味し、地下鉄乗り入れを含めさまざまな用途での使用を前提として設計された。形式名の60000形は、千代田線から小田急に乗り入れる地下鉄の車両が6000系であったことも関係しているのだろう。また日本で初めて座席指定の有料特急

MSE（60000形）メトロはこね号出発式

MSE（60000形）中間車車内

が地下鉄に入るということで、各メディアも大きく取り上げた。

２００８年に営業運行を開始したが、その前年の２００７年は小田急創設80周年、ＳＥ（３０００形）就役50周年の記念の年であり、この年のファミリー鉄道展（小田急が鉄道の日を記念して毎年10月に海老名総合基地で行う鉄道イベント）で先行して公開されている。

地下鉄に乗り入れることから、新宿～箱根湯本を走ることを目的として作られたＶＳＥ（５００００形）とは装備面で大きく異なるが、10両編成時の両端の車両の前面は、非常用の貫通扉がありはするものの、基本的にはＶＳＥに準じた外装デザインとなっている。塗装は地下鉄内でも明るく見えるようにということから、メタリック系のフェルメールブルーを基調とすることになり、そこにバーミリオンオレンジとホワイトの細帯を入れる形になった。ＶＳＥとの連続性を感じさせるデザインは、ＶＳＥに引き続きデザインを担当した岡部憲明アーキテクチャーネットワークのすばらしい仕事だ。

また展望席は採用されなかったものの、運転室は客室から見られることを前提に作られており、前面ガラスは大型のものを採用。運転室のすぐ後ろの席からであれば、かなりの眺望の良さを確保している。内装はＥＸＥ（３００００形）に準じつつもドーム型天井や木目調のデザインなどＶＳＥの感じも引き継いでおり、全体的には華やかさよりも落ち着きを感じさせる雰囲気だ。6両+4両での運行を想定して作られていること、そのため連接台車ではなくボギー台車を装備していることなどはEXEと共通している。ほかにも分割しての運行時に先頭となる6号車・7号車における前面の外装デザインは1号車・10号車のそれより四角く、VSEとEXEの両方の特徴を持った顔になっている。

運用面も特徴的で、愛称も地下鉄に直通する特急の頭にはすべて「メトロ」とつくようになった。運行当初は土曜・休日のみではあったが、千代田線北千住駅から箱根湯本駅まで運行する「メトロはこね」号は、ロマンスカー史上もっとも長い区間を走る列車となっている。また千葉県浦安市の東京ディズニーリゾートへの行楽客輸送を目的に、あらたに「ベイリゾート」号を新設。これは本厚木を出発駅とし、東京メトロ千代田線霞ケ関駅から連絡線を通って有楽町線有楽町駅に入り、そこから新木場駅までゆくというものだった。ただ意欲的ではあったものの、地下鉄線内ではスピードを出すことができず、また終着駅の新木場駅からもディズニーリゾートまでは乗り換えが必要だということでそこまでの人気は得られず、2011年には有楽町線にホームドアを設置する関係から休止、翌年には正式に姿を消すことになった。

ほかにも、VSE検査時にはVSEの代わりとして「はこね」号となり、夏の江ノ島への臨時特急「湘南マリン号」などさまざまな臨時特急や団体臨時列車としても使用されるなど、名前の通りマルチな活躍を見せている。２０１２年からはＨｉＳＥ（１００００形）、ＲＳＥ（２００００形）両車両の引退に伴って、「はこね」「さがみ」としての定期運用、御殿場線直通の特急「あさぎり」にも使用され始め、新宿駅発着のロマンスカーとしても運用されている。

このような活躍から、ロマンスカーとしては珍しく最初の編成が投入されてから実に７年後の２０１５年にも新造された編成が投入され、現在では４両編成が３編成、６両編成が５編成の全８編成が運行している。

分割・併合も含めた柔軟な運用や前面展望がないことなど、ＥＸＥ（３００００形）を思い起こさせる要素はいくつもあり、実際に側扉や車内設備の設置位置などもＥＸＥに準じている。しかしＥＸＥが登場した時のような拒否反応は少なく、また地下鉄乗り入れのインパクトもあって、２００９年にブルーリボン賞を受賞。あらゆる方面から概ね好意的な目で迎えられたと言えるだろう。これにはＶＳＥと共通した外装デザインも大きく作用していると思われ、デザインの大事さがわかる一例となっている。

必然だったEXEα（30000形）

1996年に登場したEXE（30000形）は、それまでのロマンスカーとはまったく違う思想によって設計された車両であったため、多くの人がロマンスカーに抱くイメージとは隔たりがあり、また子どもが「こんなのロマンスカーじゃない！」と泣いたという話まであるように、観光列車としては失敗だったと言わざるをえない。

しかしそれでもこの車両の有用性は、運用の柔軟性などによってEXEの登場以降ロマンスカー全体の利用者が増えたことからもわかるように、十分なものであった。登場から20年、日常の足としてのロマンスカーはまだまだ必要であることから、小田急はEXEをリニューアルすることを決定、EXEα（30000形）として生まれ変わらせたのだ。

そのような経緯で行われたリニューアルはしかし、自社の大野工場ではなく日本車輌製造で行われた。しかも床下機器など全てを新しいものに置き換えるなどその刷新は徹底的なものであり、もはやEXEの形を流用した新型車両と言っても過言ではない。デザインはVSE、MSEに引き続き岡部憲明アーキテクチャーネットワークが担当し、ほかのロマンスカーとは一線を画しつつも、ロマンスカーの歴史に収まるような外装となった。

まず2017年に最初の4編成（6両編成、4両編成がそれぞれ2編成ずつ）がお目見

EXEα（30000形）

えし、以降ＥＸＥは順次ＥＸＥαに置き換えられつつある。車体色は上半分がムーンライトシルバー、下半分がディープメタリックとなり、その間にロマンスカーの伝統色であるバーミリオンオレンジの細帯が入っている。ビジネス特急としての落ち着いた感じは残しつつ、若干ではあるがロマンスカーらしさが足された形だ。

内装の変更点として、車いすスペースの追加、荷物置き場、授乳などにも使われることを想定しての多目的室などが追加。天井の照明も一新されて爽やかなイメージになった。また各座席にコンセントが追加されたのも、ビジネスユースとして使われる以上、納得のものだ。

しかしもっとも大きく変わったのは足回りで、徹底した省エネルギー化、低騒音化がなされた。特に消費電力は約40％もの削減となっている。また今まで6両編成、4両編成の電動車は共に2両ずつだったが、6両編成に電動車が1両追加されパワーアップもしている。

観光特急でないとしても、通勤通学の足としてのロマンスカーはもはやなくてはならない存在だ。その中心的な存在としてのEXE、EXEαは、やはり必然的に誕生、リニューアルされたのであり、その立場を確かなものにしている。

まったく新しい箱根特急、GSE（70000形）

2018年、真っ赤なロマンスカーが誕生した。GSE（70000形）だ。LSE（7000形）の運用開始から37年が経ち、VSE（50000形）からも13年、基本的には前者の置き換え、後者の増備として計画された車両だ。7000形の置き換えに70000形というのも、その代替わりを意識してのものだろう。

GSEの登場直前のロマンスカーは、展望席のないMSEとEXE（およびEXEα）に、懐かしくはあるものの古くなってきてしまっているLSE、そして箱根特急の主役たるVSEの4車種だった。特に展望席付きの最新車両VSEは2編成しかないため、特急券の売り切れも多かった。そんな中で登場することになったGSEは、箱根特急の新たな主力と

GSE（70000形）出発式

しても期待されていた。しかしまた、ＥＸＥのリニューアルやＭＳＥの増備からもわかるように、日常の足としての需要もまた依然として高いものであり、この両方の役割を高いレベルでこなすことこそ、ＧＳＥに課せられた使命だった。

ＧＳＥのＧはＧｒａｃｅｆｕｌ（優雅な）、その名前の通り「箱根につづく時間（とき）」を優雅に走るロマンスカー」をコンセプトに、引き続き岡部憲明アーキテクチャーネットワークがデザインを手がけることになった。展望席を含んだ客室ガラスはさらに大きくなり眺望は向上、特に三次元にカーブを描く前面ガラスはエッジが交差したシャープな顔を演出するものになっている。

車体色は、全体をローラと呼ばれる薔薇系のローズバーミリオンとし、屋根にHiSE（10000形）を思い起こさせる真紅のルージュ・ボルドー、床下の足回りのカバー部にEXEαの基調色であるムーンライトシルバーを配し、側面窓の下には伝統のバーミリオンオレンジの細帯だ。つまりその真っ赤なボディの斬新さばかりに目が行ってしまうが、実はGSEはすべてのロマンスカーの歴史を集約した車両であると主張しているのだ。

またロマンスカーの歴史上においての重要なトピックとして、新宿〜小田原間の所要時間60分を達成したことを挙げておかなければならないだろう。2018年3月以降2022年現在に至るまで、土曜・休日ダイヤの「スーパーはこね」は、朝9時に新宿を出発し小田原に9時59分に到着する列車が設定されている。9時ちょうどに出発させているのは、小田原に到着するまで1時間を切っていることをアピールするためなのではないだろうか。

いずれにせよ、1948年に小田急が大東急から分離独立を果たした際に目標として掲げていた数字を、70年かけてやっと達成したのだ。もちろんそれまでのロマンスカーたちもこの数字を達成できるだけの能力は持っていたものの、線路容量の問題などが阻んでいた。しかし2018年3月に多摩川以東の複々線化工事が終了したことが、この偉業の達成を後押ししてくれたのだ。

GSE（70000形）

　そのような「箱根特急」としてのロマンスカーらしさが際立つ一方で、通勤通学用途に耐えられるだけの定員を確保していることも重要だ。またEXEαと同様、座席にはコンセントも用意された。車内Wi-Fiが用意されているのもビジネスユースにはうれしい。そのWi-Fiを通じて「Romancecar Link」に接続すると、２階運転室に装備されたカメラからの前面展望をリアルタイムで見ることができ、沿線情報などオリジナルコンテンツも用意されている。ちなみに2階運転室のロマンスカーとしては初めての、運転室へのエアコン装備がなされた。

　時代にあわせたバリアフリー装備なども備え、整備が進むホームドアの位置との兼ね合いから、展望席付きロマンスカーとしては初めて、連接台車ではなくボギー台車を装備することになった。GSEの2編成目の登場と同時にLSEが引退し、またVSEも2022年3月に定期運行終了、翌年秋には完全引退となるので、以降のロマンスカーはすべてボギー台車となり、連接台車の車両は消えることになっている。

すでに定期運行を終了しているVSE（50000形）に代わって、今はGSEが箱根特急のエースとなっている。しかし運用面では運行開始当初より、平日ダイヤにおいて夕方の下り「えのしま」号や「ホームウェイ」号にも投入されているなど、当初の計画通り日常の足としても使われている。箱根特急専用車のVSEの引退によって、行楽特急と通勤特急とを車両で分けることはなくなったロマンスカーには、今後どのような未来が待っているのだろうか。

早すぎるVSEの引退

2021年の年末、VSE（50000形）が2022年の3月をもって定期運行を終了、2023年の秋には臨時運行からも身を引き、完全に引退するという発表がされた。運行開始から20年にも満たずに引退をするのは、過去のロマンスカーたちと比べても異例の速さだ。ＧＳＥが登場してからも、ＶＳＥはロマンスカーの二枚看板のうちのひとつとして活躍しており、突然の引退発表には本当に驚かされた。

車両の経年劣化や主要機器の更新が困難になる見込みであるというのが引退の要因であるらしい。具体的には連接台車であり、且つアルミダブルスキン構造（アルミで作られたダンボールのような構造）を持つことが災いしたようだ。また新型コロナウイルスの蔓延によって観光需要が大幅に落ち込んだのも、影響しているのかもしれない。

いずれにせよこれで、箱根特急専用車はいなくなった。伝統の連接台車を備えたロマンスカーもいなくなった。ＶＳＥの引退は、ロマンスカーと箱根との関係にどう影響していくのだろうか。ＶＳＥの持っていた意味を改めて考えてみよう。

「きょう、ロマンスカーで。」のブランド広告とＶＳＥの誕生が、小田急の箱根観光に新たな道筋をつけたのは先述の通りだ。しかしＶＳＥは2編成のまま増備されず、次に作られたのがＭＳＥであるという点に着目したい。運行開始からすぐに大人気となったＶＳＥであるにもかかわらず、マルチに使え外装デザインもＶＳＥと共通しているとは言え、日常の足としての性格が強いＭＳＥを登場させているのは、箱根観光に訪れる人を増やしていくよりも、ＶＳＥに希少性を与えることも含めて、箱根に訪れた際の特別感を大きくしていこう、ということだったのではないだろうか。

箱根の観光客数はコロナ禍以前までは年間2000万人前後で落ち着いていたとは言え、人口の減少や経済の落ち込み、経済格差の問題などもある中で、観光客数そのものを増大させてゆくのは、もはや難しいというレベルですらないだろう。コロナ禍が本格的に明けた後も、どうなるかわからないような状況だ。

新型コロナウイルスの蔓延はGSEの誕生後であるためまったくの偶然ではあるものの、コロナ禍で観光客が減っている時期でさえ、日常の足としてのロマンスカーの需要は根強かったようで、「密」を回避するのにも座席指定制は一役買っていたらしい。図らずも観光にも通勤にも強いGSEのメリットが大きく活かされることになった格好だ。

しかしVSEが引退し、箱根の特別感の演出がどう変わってゆくのかはまだよくわからない。とは言えヒントはある。2022年10月から始まったプロモーション「はじめての、ロマンスカー。」だ。これにあわせてロマンスカーナビというウェブサイトとインスタグラムのアカウントが開設され、今までのロマンスカーのトップページであったウェブサイト「きょう、ロマンスカーで。」へのアクセスは、ロマンスカーナビに転送されるようになっている。

公式にそうだとは言われていないが、おそらく「きょう、ロマンスカーで。」の役割も、VSEと共に終わったのだろう。「はじめての、ロマンスカー。」は女性2人を主人公にし、今までの特別な旅よりも、気軽さを演出しているように見える。箱根へのアクセスのしやすさやロマンスカーの使いやすさを前面に出し、箱根という観光地にイメージを持ったことのない人への導入を行っているかのようだ。

VSEの引退とともに、ロマンスカーと小田急の箱根観光の位置づけは、大きく変わろうとしている。

箱根とロマンスカーの歴史①

前章の終わりではロマンスカーの、主に愛称と運用の変遷を通じて戦後の小田急を振り返ったが、本章ではロマンスカーと箱根とがどのような関係を結んできたのかを振り返ろう。

ロマンスカーの前身となるのは、まず1935年の週末温泉特急だ。その名の通り最初から観光列車として企画されていただけあって、当時の人気スターが吹き込んだレコードでの沿線案内など、さまざまな試みがなされていた。同年、「復興記念横浜大博覧会」の第2会場として「箱根観光博覧会」が開催され、現在も続けられている箱根の大名行列はこの時に始まった。またこの年から箱根登山鉄道は箱根湯本駅で乗り換える必要がなくなり、小田原から強羅まで1本で行けるようになっている。

しかし昭和恐慌、戦争と続いてゆく時代の中で、営業成績は振るわないまま週末温泉特急は1942年に姿を消す。またこのころから箱根は、空襲を避けるため東京の住民の疎開地となっていった。

戦争も終わり小田急も独立となった1948年、箱根登山鉄道も再び小田急の傘下となる。週末の新宿～小田原ノンストップ特急も運行が開始され、翌1949年には特急専用車の1910形が就役、同時に「走る喫茶室」のサービスも始まり、2人がけの「ロマンスシート」も設置。ポスターに「ロマンスカー」の文字がお目見えし、これが小田急ロマンスカーの直接の起源となる。また1950年には箱根湯本駅までの直通運転を開始、翌年には1700形が就役し、「箱根へは小田急で」のイメージを決定的なものにした。

これと前後して、1947年ごろから東急・小田急グループと西武グループとの箱根山戦争が勃発。日本は戦後の混乱期を脱しつつあり、観光需要の増大もあって、両者がさまざまな手段でもって観光客を奪い合うことになった。

1955年、小田急は元箱根の山のホテルを子会社としその後の箱根の観光事業経営の拠点とすると、箱根各地のホテルを次々に傘下に収め、ゴルフ場の箱根カントリー倶楽部をオープン。観光開発を本格化させた。またこの年、小田急の御殿場線への乗り入れが開始され、箱根へのアクセスは北側からも可能になった。

１９５７年にＳＥ（３０００形）が運行を開始、ロマンスカー「はこね」号として新宿から箱根湯本までの直通運転を始め、観光客を箱根に呼び寄せる大きな要因となる。さらに小田急は１９５９年から１９６０年にかけて早雲山ロープウェイを開業、これをもって小田急グループによる箱根の一貫輸送ルート「箱根ゴールデンコース」が完成することになった。

１９６３年にＮＳＥ（３１００形）が就役して増え続ける特急利用客へ対応し、１９６６年にはおよそ20年にわたって続けられた箱根山戦争が終結する。１９６７年には関係各社と提携して箱根地区内を乗り降り自由とした回遊券「箱根フリーパス」の販売を始めた。

この後、１９８０年くらいまでは箱根への観光開発は一旦落ち着くが、ロマンスカーは１９６６年に「さがみ」、翌年に「あしがら」と途中停車駅を設けての運用が始まる。箱根への観光特急としてのロマンスカーはもちろん大事なのだけれど、それ以上に通勤輸送需要の増大への対応に力を入れざるをえない状況になっていた。またこの間、旅行代理店の小田急トラベルサービス（現小田急トラベル）、南伊豆の観光開発のための小田急リゾート（現小田急リゾーツ）などが設立されている。

１９７９年に開業90周年を迎えた箱根登山鉄道は、開業時にスイスのベルニナ鉄道（現在のレーティッシュ鉄道ベルニナ線）を参考としたことを縁として、レーティッシュ鉄道との姉妹鉄道提携を結ぶと、１９８１年には45年ぶりの新型車両の１０００形を導入、「ベルニナ号」と命名され、同車は翌年ブルーリボン賞を獲得した。

箱根とロマンスカーの歴史②

１９８０年にはＬＳＥ（７０００形）が運行を開始し、１９８２年からは「箱根の活性化」をテーマに小田急グループ連合でキャンペーンも始まる。１９８７年にＨｉＳＥ（１００００形）も就役し、１９９１年にはＪＲ御殿場線への乗り入れ車両としてＲＳＥ（２００００形）も走り始めた。また１９８８年の夏、箱根登山鉄道１００周年を記念してのキャンペーン「箱根フリーパス　55マイルジャーニー・サマーキャンペーン」を開催。新宿と元箱根にイベントハウスを設置し、「小田急の箱根」の印象を強めるものとして企画されたものだった。この時期に新造されたロマンスカーの性格も相まって、観光へのテコ入れがハード面の開発からソフト面へと移行していったことを示している。

箱根の観光客は1991年の2250万人がピークであり、以降は年間2000万人前後をキープしている。団体客が中心だった昭和から、平成に入って個人での旅行が多くなり、それと同時に素泊まりや日帰りをする観光客が増えてきた。そんな状況下の1996年に登場したEXE（30000形）だが、この車両をロマンスカーの主役にしたのは、箱根観光の面だけ見れば失敗だった。観光客の減少以上に箱根特急の利用客が落ち込み、EXEは登場時からしばらくは最新型のロマンスカーとしてイメージリーダーを務めていたが、2002年にはHiSEに交代させられてしまう。

同時に2000年前後から箱根の観光は大きく変わっていった。1999年に新宿駅構内に小田急外国人旅行センターを開設、日本人観光客のみならず外国人観光客の積極的な誘致も始めることになる。またこのころまで箱根の日帰り温泉施設といえば箱根町立の公衆浴場が多かったが、老舗旅館も日帰り客にも温泉を開放するなど、情勢の変化は顕著だった。

この流れに対し小田急は、ブランド広告「きょう、ロマンスカーで。」を発表。ソフト面でも上質な箱根への旅を演出する方向に大きく舵を切っていくことになる。その流れの中で2005年に就役したのがVSE（50000形）だ。いかにもロマンスカーらしい堂々とした美しさに、やはりどうしても必要だった展望室を備え、上質さという意味ではこれ以上ない車両だった。

その後２００８年にはＭＳＥ（６００００形）の投入、２０１７年からはＥＸＥ（３００００形）をＥＸＥαにリニューアルさせるなど、箱根へのテコ入れよりは日常の足として使えるロマンスカーを運用開始してゆくが、箱根特急として、またロマンスカーそのものの象徴としてのＶＳＥの地位はその間も不動であり、箱根の特別な旅を演出し続けていた。ＭＳＥ、ＥＸＥαがＶＳＥとの連続を感じさせるデザインであるのも、ＶＳＥを王様としつつも全ロマンスカーで箱根路を支えていることを示している。

２０１８年のＧＳＥ（７００００形）は、その流れに連なりつつも、まったく新しいロマンスカーとなった。奇しくも２０２０年の初頭から広がった新型コロナウイルスは、観光輸送量の中でも少なくない量を占めていた外国からのインバウンド客を壊滅させ、また国内旅行需要へも深刻なダメージを与え、観光特急としてのロマンスカーと箱根観光の先行きに暗い影を落とした。２０２２年に始まった「はじめての、ロマンスカー。」というプロモーションは、そこからの活路として期待されているはずである。

そのような状況下でのＶＳＥの引退は、ＶＳＥが誕生した時以上に大きな変化をもたらすかもしれない。これからの箱根とロマンスカーの関係にも、ぜひ注目していきたい。

コラム４

まだ買える！　ロマンスカーの硬券特急券

「硬券の特急券が買える！」と言っても、引退記念など企画きっぷの類ではない。駅の窓口で、特急に乗るきっぷとしての硬券を買うことが、まだできるのだ。

新松田駅から新宿方面へロマンスカーに乗る際、御殿場線へ乗り入れているＭＳＥの特急「ふじさん」号で行くとしよう。この場合、きっぷを購入する駅は小田急の新松田駅ではなくＪＲ東海の松田駅になる。しかし乗車券を交通系ＩＣカードではなく、特急券等とあわせて紙のきっぷで一緒に買うと、ＪＲの駅で買ったきっぷにもかかわらず、乗車券の表示は「新松田↓（小田急線）新宿」となる。そしてなぜか硬券の特急券に、ＪＲのマルス端末で発行された指定券を組み合わせて使用することになるのだ。ちなみに特急券と指定券は、新松田ではなく松田からという表示になっている。

こんなにも煩雑になってしまっているのには、当然理由がある。ＪＲ松田駅と小田急新松田駅は運賃計算上は同駅扱いであり、ＪＲ松田駅から小田急線各駅を利用する際は小田急線で完結していると見なされる。

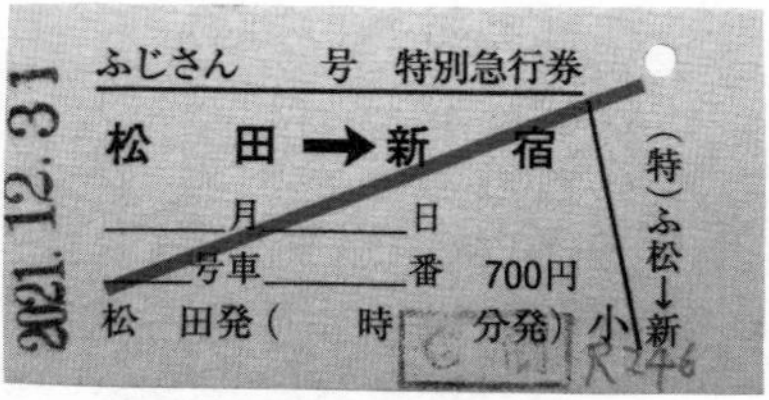

ロマンスカーの硬券特急券（私物）

するとJRのマルス端末では当該区間の乗車券類を発券することができないから、こんな形になってしまうのだ。今では珍しくなった硬券のきっぷに、特急券・指定券と乗車券はそれぞれ表示されている駅名が違うという、なんとも不思議な組み合わせ、こんなことになってしまう複雑怪奇な鉄道制度もまた、鉄道の魅力のひとつである。

第5章

小田急線と沿線の現在と未来

ついに完了した複々線化

平成の約30年間は、小田急にとっては複々線化と共にあった。１９８９年の平成元年から始まったこの工事は２０１８年に終了、２０１９年は平成31年であり令和元年でもあるので、複々線化は平成とほぼ完全に並走していたと言えるだろう。

狛江地区、世田谷地区についてては第３章で簡単に見たが、２００４年から始まる下北沢地区の工事は難工事であった。狛江、世田谷代田両地区は高架化工事であり、既存の線路用地の上空を使えたが、下北沢地区では２００３年に２線２層の地下式構造の採用が決定、これは急行線と緩行線の２階建てのトンネルを掘るという例を見ない複々線方式であり、さらに世田谷代田と梅ヶ丘の間には大幹線の道路、環状七号線が通っているのも工事を難しくさせた。ただ用地買収などさまざまな問題から遅れに遅れた工事開始によって、構想当初よりははるかに進んだ技術を使っての工事が可能になったのは不幸中の幸いだった。

地元からのさまざまな反発も、ひとつずつクリアしてゆく。たとえば大型ダンプカーの往来だ。下北沢駅付近は商店街で道路が狭く、且つ小田急線と並行している道路はほぼないと言っていい。住民への影響を極力抑えつつ、大型ダンプカー14万台分にもなる量の土を運び出すために、地中から掘っていったシールド部の土は流体にして排水管で外に出し、地上から掘った駅などの開削部ではでき上がったトンネルに穴を開けて土を落とし運ぶなど、当初計画にはなかった手順もあり、そのための設備の追加なども行われた。

またそういった技術面の努力のみならず、小田急は徹底した情報開示と対話によっても信頼関係を作り上げていく。見えにくい地下の工事の進捗を駅利用者や住民に見てもらうために「シモチカナビ」を設置。これは２００６年に下北沢駅旧南口改札脇にあった箱根そば下北沢店跡地に作られた情報ステーションで、このステーションと並行してウェブサイトやフリーペーパーでも情報を発信し、２０１９年まで四半期ごとに情報の更新を行っていた。また説明会や工事現場の見学会など、担当者が関係者に直接顔を合わせての対応も並行して行っていった。

２０１８年に工事は無事すべて完了。下北沢地区では9カ所の踏切が廃止となり、これで事業区間内39カ所の踏切がすべて廃止となった。また最新の技術を集めたこの工事に対し土木学会賞技術賞が、さらに行政や住民との協力や連携によるまちづくりに貢献したとして日本鉄道賞特別賞が贈られた。

ちなみに工事完了に先行して２０１７年に開業した新しい世田谷代田駅には、小田急環境ルームという施設が併設された。これは小田急グループが手がける環境モデル事業の一端を駅舎内にコンパクトにまとめ、利用者に伝えていくというもので、シモキタナビで培った情報開示のあり方が活かされたのだろう。回生ブレーキ解説コーナーは、実際にＥＸＥ（３００００形）で使われていた運転台とモニターから成り、実際に使われていたワンハンドルマスコンを動かしながら電気の流れを学べるものだ。速度計もマスコンにあわせて振れる作り込みがリアルで楽しい。

技術の発達のみならず、ソフト面でもさまざまな新しい取り組みがなされたこの工事は、小田急環境ルームのように今後の小田急の活動のＰＲにも役立てられていくのだろう。

２０１８年のダイヤ大改正

30年にわたる複々線化工事が終了したことを受け、２０１８年の3月、小田急は抜本的なダイヤの改正を行った。「混雑の緩和」「速達性の向上」「都心方面へのダイレクトアクセス強化」「着席性の向上」の４つのテーマを掲げ、特に平日の朝に顕著だった混雑率の高さについては、劇的なまでにその混雑を緩和させることに成功した。

それまでは代々木上原駅・新宿駅近辺までと、梅ヶ丘駅から和泉多摩川駅までが複々線化されていたが、結局下北沢地区がボトルネックとなって劇的な改善はできようもなかったのだ。それが工事の完了に伴って線路容量が大幅に増え、運行本数の増加につながった。下北沢駅着８時前後の１時間の運行本数は、27本から36本に増発され、これにより192％だった最混雑区間の平均混雑率が151％まで緩和された。

速達性の向上と都心方面へのダイレクトアクセスに関しては、主に急行・準急・各駅停車の３つだった列車種別から、速達性の高い快速急行を増やし、多摩線から新宿へ直通する通勤急行を新設することで達成された。また準急は停車駅を増やし全列車千代田線直通となり、同じく全列車千代田線直通の通勤準急という種別も新設、地下鉄線内への所要時間も短縮となった。ちなみにこの通勤急行・通勤準急という種別は、53年ぶりの復活であった。これらの改正によって、たとえば小田急多摩センター～新宿間で最大14分、町田～新宿間で最大12分という大幅な所要時間短縮となったのだ。

そして、千代田線への通勤客の増加から、通勤ラッシュのピーク時に増発された９本のうち７本は千代田線方面のものとなった。千代田線に初めて乗り入れることになった各駅停車にも、向ヶ丘遊園駅など途中駅からの始発列車を増発して着席性の向上に一役買っている。多摩線については、それまでの地下鉄千代田線との強い結びつきから新宿へ直通する方向へと、基本的な方針の大転換が行われたことにも注目したいが、これは後述しよう。

ただ、これによって多摩線内から新宿へ向かう利用客の着席性も大きく向上したことは、上記４つのテーマとの兼ね合いの大きな部分だ。

このダイヤ改正はバス事業者とも連携しており、ロマンスカーをはじめとする優等列車の停車駅では、接続を考慮したバスのダイヤが組まれ、鉄道とバスのシームレスな移動が可能となっているのもポイントだ。

そしてロマンスカーである。前章で見た通り、このダイヤ改正で新型ロマンスカーＧＳＥ（７００００形）がお目見えすることになる。箱根特急のエースとなることを期待されていながらも、日常の足としても使えることを目指して作られたＧＳＥは、新設された「モーニングウェイ」として早速走り始める。土曜・休日ダイヤの「スーパーはこね」としては、念願の新宿〜小田原間60分を達成。またこの年のゴールデンウィークには、なくなってしまった「あしがら」の期間限定復活に際して、その任を得ている。

ほかに「あさぎり」が「ふじさん」に名称変更され、発車時刻も変更。新松田駅、向ヶ丘遊園駅の２駅への特急ロマンスカーの停車が取り止められたことなども、ロマンスカーに関する大きな変更点だった。

全体としては、この改正は上記４つのテーマへの取り組みとしては大成功を収めたと言えるだろう。特に混雑率の緩和については、それまでの下北沢駅などでの混み具合を知っている方なら誰もが納得できるはずだ。複々線化によってラッシュ時の快速急行などの運行本数を増やせるようになったことは、小田急線の列車運用に劇的な変化を与えた。ただ今までよりも列車種別が増え、複雑化してしまったことも確かで、かつて列車種別だけで行き先がわかったようなシンプルさが懐かしくもある。

シモキタと小田急

複々線化工事に伴う下北沢駅前の再開発は、近年の駅前再開発の中では出色であり、東京都のみならず全国的にももっとも目立つもののひとつだ。

もともと下北沢は何もない田畑だったところに小田急線が開通し、その直後に当時小田急の傘下だった帝都電鉄（現在の井の頭線）が開業することによってできあがった町だ。その後現在まで続く「下北沢天狗祭り」の発端となる真龍寺という小さな寺院が１９２９年に作られたことも、もしかしたら小田急の影響があったのかもしれない。なぜならこの寺院は、開業当初の小田急沿線案内にも載っている、箱根の東側にある大雄山最乗寺の末寺として生まれたからだ。

また下北沢は、新宿・渋谷に1本で出られる便利さもあって、現在の世田谷区域の中でも突出して発展した場所でもある。小田急の開業と前後して地元でも区画整理組合が作られた1929年から区画整理が進められたものの、戦時中には中断、1951年に一旦整理は終了し、その後はあまり進むことはなかった。区画整理の難しさは世田谷区全域、特に小田急沿線において顕著であるが、下北沢の場合、未整理のままの入り組んだ細い路地が独特の魅力を備えるようになり、多くの人に愛されるようになった要因にもなった。

今でこそサブカルの街として認知されているが、実はその歴史はそんなに長いわけではなく、1982年に本多劇場がこの土地にやってきてからと見るのが正しいだろう。下北沢駅周辺の雑踏を少し離れると、すぐに大きな一軒家ばかりが見えることからもわかるように、ここは開発された時期の古さ、その後区画整理がされなかった影響もあっての、昔ながらの高級住宅地でもあるのだ。

また下北沢駅周辺の再開発に際して、大きな反対運動があったことを記憶している人も多いだろう。あっちの路地やこっちの路地にふらりと入り、歩いて回遊するような街だったのに、駅に向かって太い道路が入ってくることで街が分断され、回遊性を著しく低くするようなことがあってはならず、また高層ビルの建設なども景観を損ねる、というのが反対派の意見であったように記憶している。

しかし賛成をしている人も存外多く、筆者が直接聞いた中でも、半世紀以上下北沢で飲食店を経営している方などからは、何かあったときに緊急車両が入ってこられないことが何よりも不安で、そのために道路事情をよくしてほしいのだという話を聞いた。高級住宅に住む昔からの住民とサブカルの街を守りたい来訪者、という対立軸だけでなく、そこで店を経営している人や、よそからやってきて下北沢に住むようになった人など、さまざまな人のさまざまな思いがぶつかりあって、再開発の調整はとんでもなく難航したようだ。

そこで開発主体である小田急電鉄は、あえて「再開発」という言葉を使わず「支援型開発」として都市開発を進める。計画時点から施工中、開業前に至るまで住民や関係する人たちと対話を重ね続け、建築中から住民を内部に招いて誘致するテナントや当該エリアの動線などについて意見を聞き、反映した例などもあるのだという。このような情報開示や対応のあり方は、線路の地下化工事と同様だ。

そのようなさまざまな苦労や努力の結果、地下化された小田急線の線路跡に作られた「下北線路街」は、東北沢・下北沢・世田谷代田の3駅にまたがる全長1・7㎞、13施設にもなる、巨大且つ連続した街区になった。またそれと歩調をあわせるように、京王電鉄は井の頭線高架下に「ミカン下北」を建設、小田急と一体となって下北沢地域の開発を行っている。この支援型開発はそれ以前の駅前再開発から一線を画す画期的なものとして報道され、下北沢にさらなる活況をもたらしている。

実際、駅前に巨大なターミナルと駅ビルを作りテナントを入れるだけの再開発では、それまでの下北沢の歴史を担い、未来につなぐものはできなかっただろう。小田急は新宿駅西口や海老名駅などでも再開発を進めているが、きっと今後も下北沢のような開発をさまざまな場所で行っていくのだと期待したい。

梅ヶ丘から多摩川までの沿線地域

東北沢から世田谷代田までの間の再開発は順調に進んでいたが、世田谷区のそれより多摩川寄りの地区は経堂を除き、複々線化以降の開発が進んでいるとは言い難い。

なにせ区画整理がうまくいかないまま長い時間住宅地として発展してきた土地だ。駅前から細く入り組んだ路地がどこまでも続き、バスターミナルやタクシー溜まりを確保できている駅も、梅ヶ丘駅、経堂駅、成城学園前駅の3つだけだ。商店街は地元に根づいてがんばっており日々の買い物こそ十分であるものの、それ以上になると下北沢や新宿まで出なくてはならない。経堂ジョイフルを全面的に改装して２０１１年に開業した経堂コルティも、地元客以外を誘引する要素には、正直なところ乏しいと言わざるをえない。

また小田急線のそれぞれ南北を走る京王線・東急田園都市線との距離はそこそこ離れており、それらを結ぶ鉄道路線はない。東急世田谷線より西側の区域において、南北を結ぶ公共交通はバスということになるが、バスターミナルの不足、渋滞が常態化している環八、それ以外の道は幹線にはなりえない細い道ばかりで、一気に縦断するような路線もない。

環七であれば、井の頭線の新代田駅前からＪＲ大森駅まで約12㎞もの距離をバス40分程度、乗換なしで行けてしまうのに、環八だと区内の移動ですら苦労させられる。小田急線を境にバス路線が南北で分断されてしまっているため、たとえば京王の千歳烏山駅から小田急線を越えて東急の等々力駅まで行こうと思ったら、９㎞足らずの道のりに１時間以上かけてバスを乗り換えながら向かうことになる。都心を経由して鉄道路線で向かってもかかる時間は同じくらいだ。また先述のようにバスの走る道はいずれも細く、環八は渋滞ばかりで速度は出ないので、全体的な不便さをより印象強くしている。

世田谷区域を走る京王の本線はすぐ北に井の頭線が並行して走っている区間も長く、同じく東急田園都市線は大井町線を使って東に抜けられるし、独自の商店街が栄える自由が丘駅を有する東急東横線とは、系列の東急バスで緊密に接続されている。小田急沿線の住民は、前述の理由でバスも使いにくく、結果的に新宿方面に向かうほかない。線路の高架化、複々線化工事が完了し、急行・準急列車の運用も毎年見直されるなど、新宿方面への利便性は増しているとは言え、その地域に住む人たちに話を聞いても、不便な町だという声をよく聞く。

しかし長年の懸案であるこの問題を抜本的に解決する計画が、実は存在する。環八沿いに羽田から赤羽を結ぶ鉄道路線、エイトライナー構想である。小田急では千歳船橋駅に接続する計画だ。国土交通省の交通政策審議会でも2016年、「地域の成長に応じた鉄道ネットワークの充実に資するプロジェクト」のひとつとして挙げられているのだが、事業化すらもまだなされておらず、あくまでそういう計画があるというだけなので、実現するかどうかはわからない。ただ実現すれば、沿線住民にとっては大いにメリットがある路線なだけに、今後の動きにも注目したい。

また余談になるが、2004年に和泉多摩川駅の駅舎下部に開業した小田急グッズの販売店「TRAINS」の1号店が、2022年8月に閉店したことも覚えておきたい。鉄道会社のオリジナルグッズがまだ少なかった時期にこのような店を作ったことは、とても意義あることであったように思う。巨大なNゲージのジオラマが目を引くが、特に開業当初は各種鉄道部品や座席シートの布地を使ったペンケース、実際に使われていたブレーキ弁ハンドルを持ち手にした傘など、マニア心をくすぐるアイテムがあったことを懐かしく思い出す。新宿駅にも店舗ができて以降は徐々に子ども向けのアイテムを増やしてゆき、ロマンスカーミュージアムに3店舗目ができた1年後の閉店だった。18年間の営業、おつかれさまでした。

それからの多摩線

１９８０年代までの多摩線については第2章で述べた通りだが、その後多摩線には劇的と言えるほどの変化はなかったように思える。１９８７年から始まった唐木田車両基地と新設される唐木田駅までの延伸は１９９０年に無事終了したが、ＪＲ・京王の橋本駅を通って城山まで延伸する計画は潰えてしまった。また唐木田駅の周辺にはかつて大妻女子大学があったが、中・高校を残して去ってゆき、周辺はいかにも緑が残されたニュータウン然としており、２０１７年以降は1日平均の乗降者数は2万人を割ってしまっている。コロナ禍の影響もあった２０２１年度に至っては1万３０００人程度である。小田原線の終点の小田原駅、江ノ島線の片瀬江ノ島駅と比べての唐木田駅であることや、あるいは橋本駅まで伸びており沿線にも賑わいが見られる京王相模原線がすぐ隣にあることも、多摩線の印象をより地味にしてしまっている。

とは言え、駅開業のころから2000年くらいまでは、多摩線の乗降客数はゆっくりではあるが順調に伸びており、2000年からは地下鉄千代田線へ乗り入れる急行が走り始め、2002年には多摩急行が登場する。これらは基本的に地下鉄への乗り入れを前提としていたため、新宿駅への直通列車がほとんどないのが不便ではあったが、小田急永山駅、小田急多摩センター駅という比較的大きい駅には京王相模原線が並行して通っており、新宿への通勤はそちらを使う人が多かったはずだ。

しかし2004年には京王に対抗するかのように新宿駅直通の区間準急を設定、初乗り運賃も京王を下回る120円とした。また同年、現在小田急線内でもっとも新しい駅であるはるひ野駅が、黒川駅と小田急永山駅との間に誕生。駅周辺は都市再生機構の開発地であり、商業施設も建ち始めているなど、多摩線の沿線人口がまだ伸びてゆくはずだという見込みは十分にあるはずだ。

1974年に小田急多摩線が開業して以来、長らくこの路線にロマンスカーがやってくることはなかったが、2000年のダイヤ改正で多摩線に「ホームウェイ」号が走り始めたのも、そんな経緯があってのことだろう。しかしやはり利用状況はそこまで良いものではなく、新百合ヶ丘駅で多くの乗客が降りてしまっていたというのが実際のところだったらしい。2016年のダイヤ改正において多摩線に乗り入れるロマンスカーはなくなり、新百合ヶ丘駅に停車する「ホームウェイ」号が多摩線の各駅停車に接続するようダイヤが組まれているというのが現在の状況である。

同じく2016年には新宿行きの区間準急を廃止するとともに千代田線直通の急行が増発、多摩線と千代田線との結びつきはより強いものとなっていたが、2018年の改正では長年にわたっての「新宿駅方面へは新百合ヶ丘で乗り換える」という運用から転換が起きた。新宿方面への運行が大幅に強化され、その最たるものが通勤急行の新設だ。小田急多摩センター駅から新宿駅へは乗換なしの最短33分となり、帰宅時間帯における新宿発の快速急行の新設、先に述べた新百合ヶ丘駅でのロマンスカーとの接続強化など、多摩線の大幅な利便性向上を打ち出した。同時に多摩急行が廃止され、列車種別から「多摩」の文字が消えることになり、その後2022年のダイヤ改正によって、多摩線から千代田線へ直接乗り入れる列車はなくなった。この転換には、狛江・世田谷地区の住民からの千代田線直通列車増発の要望が強かったことが影響している。

しかし多摩線が新宿駅に直通し都心への速達性が増したことで、多摩線延伸計画とつながってくるのであれば話はグッとおもしろくなってくる。多摩線の延伸計画は、1985年の運輸政策審議会の答申で「唐木田駅から横浜線方面について、今後、新設を検討すべき方向」と位置づけられ、以降も関係各所と話し合いが続いているものだ。以前の城山までの計画では京王相模原線との競合部が多かったが、今回のものは現在のところ、唐木田から南へ下り町田市上小山田町を抜けてJR横浜線の相模原駅と接続、そのままJR相模線の上溝駅へと接続する計画となっている。2033年には開業を目指すというのが同計画にはあるのだが、まだ事業化にも至っておらず、先は見えない。

京王に大きく水を開けられてしまっている多摩地域の開発において、小田急の逆転の一手となるだろうか。

川崎・町田の小田急沿線地域

本線の多摩川の向こう側を見てみよう。小田急の創業以来、長らく小田急系列の遊園地として親しまれてきた向ヶ丘遊園は、2002年に閉園した。そのわずか5年ほど前、

1997年には祖師ヶ谷大蔵駅に縁のある円谷プロと組んで「ブースカランド」を誕生させるなど、客足の回復のためにさまざまな手を打ってはいたのだ。しかし1999年には同じく小田急系列の御殿場ファミリーランドが閉園、跡地はアウトレットモールになっているなど、遊園地経営自体が難しい時代になってしまっていたことは、小田急だけではどうにもできなかった。

また1966年から運行していたモノレールは、2000年に老朽化を原因とした亀裂が台車に見つかり運行休止、翌年には閉園に先だって廃止となった。廃止後のモノレール跡地は遊歩道に変わっている。遊園地の跡地は、バラ園は川崎市が管理を引き継いで「生田緑地ばら苑」となり、ほかの一部には川崎市立藤子・F・不二雄ミュージアムが開業した。残りの部分については当初2023年中に開業を目指して開発を行うとされていたが、2022年11月現在、着工されていない。

ほかにも、向ヶ丘遊園内にあった新松田駅の旧駅舎が閉園と共に解体されたことで、開業当時には小田急の駅舎に多く見られたマンサード屋根の駅舎は向ヶ丘遊園駅だけになってしまった。しかし同駅は2019年から2020年にかけて「ナチュラル・レトロモダン」をコンセプトに、小規模ながらも駅舎をリニューアル。北口だけだったマンサード屋根を

向ヶ丘遊園にあったマンサード屋根の新松田駅の旧駅舎

南口にも備え、駅舎内部もコンセプト通りの雰囲気へと改装された。小田急電鉄も、開業当時の面影を文化的な遺産として十分認識していることがよくわかるリニューアルだった。

この地域は登戸駅から向ヶ丘遊園駅にかけての再開発がすでに始まっており、また新百合ヶ丘駅までの複々線化計画も不確定ながら残っていることから、まだまだ工事が続くはずだろう。今後の開発やほかの駅舎のリニューアルにも、向ヶ丘遊園駅リニューアルの経験を活かしてほしい。

もう少し先に行くと、鶴川駅周辺でも大規模な再開発が予定されている。北口方面は1960年代から開発が行われ周辺道路沿いにも中高層の建物が建っているが、南口方面にはまとまった農地が残っていて下水道も未整備であるところが残っているほど、南北格差が激しい。それに加えて鶴川駅の東側を南北に走る都道139号線と、北側を東西に走る都道3号線の渋滞は慢性化しており、駅前の行き来にも影響するほどだった。これらの解消と街の活性化のための再開発であり、同時に駅舎の橋上化リニューアルも予定されている。鶴川駅に急行が停まる日は来るのだろうか。

事業化はまだではあるが、横浜市営地下鉄が東急田園都市線・横浜市営地下鉄ブルーラインあざみ野駅から新百合ヶ丘駅まで延伸するという、横浜市営地下鉄3号線延伸計画が存在している。川崎市が新百合ヶ丘駅から東急東横線の元住吉駅までの地下鉄計画をあきらめた今、新百合ヶ丘駅のある川崎市麻生区は、横浜市営地下鉄の誘致に本腰を入れているようだ。これに基づいて新百合ヶ丘駅周辺の再開発が予定されているのも、当然のことだろう。ほかにも近隣では、大規模再開発から半世紀が経つ町田でも、JR町田駅の南側を中心に再開発計画があるとのことだ。

向ヶ丘遊園駅から町田駅までの間の駅には、新百合ヶ丘駅を除いて急行より速い列車はほとんど停まらない状況が続いている。速達性の問題もあることから難しくはあるが、再開発が進んだ後にどうなるか、見ものである。

海老名駅前の一大再開発とロマンスカーミュージアム開業

小田急の現在の海老名駅ができたのは1941年のことである。それまでこの地域には小田急開業当初からの海老名国分駅があり、地域の中心となっていた。後に神中鉄道（後に相模鉄道に吸収合併、現在の相鉄本線）が相模厚木駅（1944年に本厚木駅へと改称）に乗り入れるために、神中鉄道と小田急線の交差部分に海老名駅を設置し、これが現在の海老名駅の出発点となるのだが、1943年に海老名国分駅が廃止となるまでは、小田急線上にあるのに小田急の電車は停まらないという、不思議な状態が続いていた。

1964年に相鉄が本厚木駅までの乗り入れを廃止、1972年に海老名検車区が使用開始されると、その翌年にそれまでの駅から下り方面に駅舎を移動させ、これが現在の海老名駅となるのだ。さらに1987年3月には相模線の駅も開業し、小田急・相鉄・国鉄（4月から分割民営化）の3社が乗り入れる駅となった。相模線海老名駅開業の際に線形の改良は行われなかったため、小田急とJR相模線の線路の間には場所によってばらつきはあるが、概ね数百メートルの距離がある。1980年代にはこの間を利用しての公共施設などが建設され、また前述の海老名検車区もこの線路間に建設された。

現在は東口を中心に賑わいを見せているが、その始まりは1993年に現在のシネコンの先駆けとなった日本初の本格的シネマコンプレックス「ワーナー・マイカル・シネマズ海老名（現在のイオンシネマ海老名）」がサティ海老名（現在のイオン海老名店）に誕生したことだろう。今でこそ珍しくもなくなったが、開業当初は何もない海老名には大きすぎると言われていた映画館だった。しかし当時小田原近辺に住んでいた筆者も父に連れられてわざわざ見に行った思い出があるので、周辺からの集客は相当なものだったはずだ。

その後2002年に小田急が主体となってビナウォークを開業させてから、海老名駅は本格的な発展を遂げてゆく。ビナウォークは1985年に作られた海老名中央公園を取り囲むように作られたが、前後して作られた三井系のアウトレットモールや福岡のキャナルシティ博多、川崎のラ・チッタ・デッラなどに連なるような、開放感と回遊性を強く意識した設計コンセプトである。近隣に類似施設がないこともあってか開場1ヶ月で200万人を超す入場者が訪れ、鉄道も前年同期に比べ小田急が3割、相鉄が2割、JRが5割と、乗降客の大幅な増加があったようだ。

2010年前後になるとさらに開発は加速し、2009年に小田急・相鉄間の連絡通路、2010年には小田急海老名駅構内自由通路が開設、2015年には自由通路はJRの駅まで伸びることになり、駅の一体化がなされた。さらにマンションなどの住宅開発と同時

ロマンスカーミュージアム

に商業施設の建設も相次ぎ、２０１５年にららぽーと海老名が誕生、２０１７年に自由通路に直通するビナガーデンテラスが完成した。また２０１６年から一部のロマンスカーが停車するようになり、２０１９年には相鉄がＪＲ直通列車を走らせ始めるなど、さまざまな面での発展にそれぞれ目覚ましいものがある。開発する余地はまだまだあるようで、今後も発展を続けていくのは間違いないだろう。

しかし小田急とのかかわりでいえば、近年最大のトピックはロマンスカーミュージアムの開業だろう。２００２年の向ヶ丘遊園の閉園に伴って同園内に新松田駅旧駅舎を利用して作られていた小田急鉄道資料館も閉鎖、以来小田急は鉄道博物館に類する施設を有していなかったが、２０２１年４月にロマンスカーミュージアムができたことで、19年ぶりに博物館を持つことになったのだ。１９９７年に海老名検車区で小田急開業70周年記念鉄道展が、１９９９年以降は小田急ファミリー鉄道展として毎年10月に鉄道イベントが継続して開催されていたことも、その素地となったのだろう。

「〝子ども〟も〝大人〟も楽しめる鉄道ミュージアム」として屋上のビューテラスやロマンスカーをテーマにしたキッズルーム、ミュージアム利用者以外にも開放されたカフェを備え、ミュージアムショップとして小田急グッズショップ「ＴＲＡＩＮＳ」を和泉多摩川、新宿に続いて開業させた。海老名駅の改札を出てすぐ、先述の自由通路から直結しているのも便利な点だ。

１階部分には検車区をイメージした展示空間に、ロマンスカーのＳＥからＲＳＥまでの５車種に加え、開業時に走っていたモハ１形が並ぶ。２０２３年秋に引退するＶＳＥもきっとここに並ぶのだろう。新宿から小田原・箱根まで小田原線沿線を再現した巨大なジオラマも見ものだ。まだ訪れたことのない人はぜひ寄ってみる価値があるミュージアムである。

開成駅という成功事例

海老名の成功は商業地区開発や鉄道事情の変化などさまざまな要因がかみ合ってのことだったが、ほかに小田急沿線の住宅地開発における近年の成功例としては、開成駅周辺が挙げられるだろう。1985年に小田急の68番目の駅として開業したこの駅は、それまで小田急が走る市区町村の中で唯一駅がなかったことから、開成町からの要望もあって誕生したという経緯がある。

開業してから10年ほどは乗降者数に大きな変動はなかったが、それ以降は順調に増え、2007年には1日平均1万人に達する。開業当初は1日の乗降者数を2000人程度と見込んでいたので、20年程度で実に計画の5倍にもなった。2010年には駅からさほど遠くない場所に町立小学校が新設、2015年には開成町南部地区土地区画整理事業が終了し、当該地区に「みなみ」という地区が新たに誕生した。新型コロナウイルスの影響を受ける直前の2019年には乗降者数は1万2000人にまで増え、開発の成功を印象づけている。この数字は西隣の栢山駅の約2倍、JR東海御殿場線との乗り換え駅である東隣の新松田駅と比べてもその55％にもなる。開成町は全国的にも珍しい、現在も人口が増加している自治体であり、2020年の国勢調査において人口増加率は神奈川県でトップ、全国でも16位となっている。

近年の開成町の発展は小田急不動産の開発によるところも大きく、特に２００２年の総戸数６００戸におよぶ複合型開発「開成庭園の杜」を皮切りに、東口の開発の中心となっている。２０１６年には同社が駅ビルを建設、宅地開発も継続して行われており、現在も開発は進んでいる。筆者は、田畑しかなかったころの駅周辺を知る人間のひとりとして、この開発の成功を感慨深く見ている。

さらに開発が成功していると見るや、小田急電鉄も駅周辺の利便性や魅力の向上のためにさまざまに手を打ってきた。２００１年にＮＳＥ（３１００形）が駅北側に静態保存され、ロマンスカーの「ロンちゃん」の名前で愛されている。２００５年には開成町の「あじさい祭」にあわせてロマンスカーが臨時停車、２０１８年にはホームの延伸が着手され、翌年には実質的に快速急行の停車駅となった（快速急行は小田原〜新松田間では急行に種別変更される）。２０１５年の大都市交通センサスのデータによれば、開成駅の利用客の８割が新宿方面への乗客であり、開成駅への優等列車の設定はこのことも大きく影響しているはずだ。開成駅の西隣、栢山駅から西側の駅はすべて小田原方面への乗客が多いのにもかかわらずのこの状況は、開成町には新しく移り住んできた住民が多いからなのだ。

開成町の発展は、コンパクトであることがその大きな要因として挙げられる。神奈川県の自治体の中でも面積は最小であり、そのため生活に必要な要素が小さくまとまっているのだ。また富士フイルムの拠点工場・研究所が駅の比較的近隣にあり、東名高速大井松田ICまでもさほど距離はない。小田原の市街地には、車でも電車でもすぐに行ける。最近では町が主導し「田舎モダン」と銘打って、主に子育て世代へのPRも盛んだ。

開成町の開発と人口増加はまだまだ続いており、2021年から新しい駅周辺開発計画が始まっている。今後、近郊区域へ開発が行われる際のモデルケースになるかもしれない。

江ノ島線の発展と開発

1950年代以降の日本の人口激増が小田急線にさまざまな影響を与えたのは、今まで述べてきた通りだが、当然江ノ島線にも変化があった。もっともわかりやすいのは新駅の誕生だ。戦時中に過剰設備とされ一部が単線化された江ノ島線は1948年から1949年にかけて再度複線化されると、1952年に桜ヶ丘駅ができたのを皮切りに、1960年に善行駅が、1966年には湘南台駅が誕生した。

そもそも林間都市計画の頓挫以降、この沿線の発展は、戦中に軍事施設が相次いで作られたことに端を発する。戦後はそれらが工場に転用されたり、また農地買収によって工場の建設が進められたのだ。小田原線相武台前駅と江ノ島線南林間駅の間にあった高座海軍工廠の跡地には日産自動車が、湘南台駅の西側にはいすゞ自動車や桐原工業団地が建設され、後の１９８５年にも中央林間駅の東側に日本ＩＢＭの中心的な拠点ができるなど、大型の工場や研究施設が次々と作られていった。また１９８４年に田園都市線が乗り入れた６年後には、小田急も中央林間駅を急行停車駅へと格上げし、かつての林間都市計画の跡地でしかなかった周辺地域は、都心のベッドタウンとして大きな発展を遂げた。

湘南台駅の周辺も80年代から大きく様変わりし、藤沢市北部の中心となるべくさまざまな行政施設が建設されると、１９９１年に慶應義塾大学湘南藤沢キャンパスがやってきて、１９９９年には相鉄いずみ野線、横浜市営地下鉄ブルーラインもつながる。ちなみに現在の湘南台駅の駅舎は地下であるが、もともとは地上駅として作られその後橋上駅化、さらに駅舎が地下に移るという珍しい経緯をたどっている。駅舎が地上・橋上・地下すべてを経験しているのは、小田急では湘南台駅だけだ。

江ノ島線の実質的な終着駅でもある藤沢駅も１９６０年代から大規模な開発が行われ、藤沢駅南口のちょっとしたランドマークでもあるフジサワ名店ビルが１９６５年に建設されたのをきっかけに、ダイヤモンドビル、CDビル（現在のザ・プライム）が隣接して完成する。各ビルの床は一体化されており、その真ん中には中庭のように広場があるというちょっと珍しい建物だ。3つのビルはまとめて391街区もしくは391ビルとして長らく住民に親しまれることになる。

ほかにも大型商業施設が続々と建ち、1965年の藤沢さいか屋、1973年藤沢十字屋（現在の藤沢OPA）、1974年にはペデストリアンデッキと志澤百貨店（西友藤沢西武となったのち取り壊し、現在は高層マンション）が完成し、江ノ電百貨店（現在の小田急百貨店藤沢店）も建設された。最盛期にはおしゃれな内外観で愛された藤沢オデヲン座など映画館も4館あり、湘南地域の中心にふさわしい発展を遂げた。

また江ノ島の観光開発も戦後から活発に行われ、1960年代にはマイアミビーチと提携し「東洋のマイアミビーチ」として売り出し、日本初の屋外エスカレーターの設置や東京オリンピックのヨット競技の会場としても使われることで、訪れる観光客の数はピークを迎えた。

ただ藤沢駅は昔から小田急よりも国鉄・JRの駅としての向きが強く、藤沢駅と片瀬江ノ島駅の発展が江ノ島線の発展に強くつながってきたかというと、そうとは言い切れないもどかしさがある。また産業構造の変化から１９９０年代半ば以降、大型の工場や拠点は沿線からだんだんと消えてゆくと、湘南台駅や大和駅から相鉄線などで横浜へ、あるいは中央林間駅から田園都市線で渋谷へ通勤する住民も多くなってきてしまった。新宿との距離をどうしても感じさせてしまう江ノ島線は、それらのハブとして中心的な役割を担ってはきたものの、なかなか難しい立場にあると言えるだろう。

もともと藤沢駅でスイッチバックしなければいけなかった片瀬江ノ島駅までの区間は、２０２２年３月のダイヤ改正で新宿方面へと直通する列車はロマンスカー以外ほぼなくなってしまった。これもそのような難しい立場であるからこそなのかもしれない。とは言え、２０２０年に完成した片瀬江ノ島駅の新駅舎は開業当時からの竜宮城スタイルを継承しつつもさまざまに遊び心を持たせた楽しい駅舎になっているし、前年には江ノ島電鉄の完全子会社化など、観光開発への意欲はまだまだありそうだ。

また江ノ島線には戦後すぐからの納涼ビール列車に始まる臨時の優等列車が多く、最近に至るまでさまざまな種別のロマンスカーを走らせている。２０２１年には子ども向け運転士・車掌体験イベントの一環として新宿〜片瀬江ノ島間を臨時特急が走った。きっとコロナ禍が明けたら、楽しいイベント特急がたくさん走ってくれるはずだ。

箱根登山鉄道の現在

近年の箱根と箱根登山鉄道は、厳しい状況への対応に追われ続けている状況だと言えるだろう。2015年の大涌谷の噴火警戒レベルの引き上げ、2019年の台風15号の被害、そして2020年以降のコロナ禍と、立て続けに、直接大きな影響が出るレベルでの被害に見舞われ続けている。

2015年は噴火活動の影響によって、箱根町全体で観光客が前年比で18%、380万人の減となった。とは言え、このころからのインバウンドの増加は箱根にも大きな恩恵となっており、たとえば1630年創業の「一の湯」では2015年、グループ全体での10万人超の利用者のうち、3万7000人が訪日外国人観光客であった。箱根登山鉄道も、たとえば箱根湯本駅の1日平均乗降客数は前年比で10%減だったが、翌年には完全に持ち直しており、一時的な影響だったと言える。むしろインバウンドの増加によって、未来に期待を持てるようになってきていたと見る方がいいのかもしれない。

しかし2019年の台風15号の被害は大きかった。日本全国に甚大な被害をもたらしたが、箱根登山鉄道の被害も相当なものだったのだ。全線の運行再開までにはおよそ10ヶ月間も要したが、各種報道での台風後の状況を見るに、それでも相当に早かったと言わざるをえないほどの被害を受けたのだ。それでもコロナ禍直前までは観光客は訪れており、筆者が2020年の正月に箱根を訪れた際は、箱根登山鉄道の代行バスはギュウギュウで、箱根湯本駅のきっぷ売り場には都心へ戻る観光客たちによって長蛇の列ができていたほどだった。

全線運行再開の前には小田急グループの箱根への投資が相次いでおり、まず2020年の3月にケーブルカーの新型車両が25年ぶりに登場すると、6月には箱根山内の主要駅に設置している運行情報ディスプレイ「箱根インフォビジョン」の全面リニューアルが完了。外国人観光客への対応として多言語化され、災害時には外国語放送を提供するなど情報発信を強化した。箱根は地震だけでなく火山活動の影響もあるため、災害時の情報はとても大事なのだ。

7月9日にはケーブルカーとロープウェイを結ぶ早雲山駅がリニューアルオープン。多目的トイレを整備するなどバリアフリー設備や授乳室、救護室も備えている。また、地上2階は「ｃｕ－ｍｏ箱根（クーモハコネ）」と名づけられ、無料の足湯を備えた展望デッキに立てば箱根の山々から相模湾までを一望できるようになった。

そうして迎えた2020年7月23日、箱根登山鉄道は全線運転再開となった。報道各社もこぞってこれを報道、コロナ禍の真っ最中という厳しい状況の中の一筋の光として、箱根のみならず観光業界全体に明るいニュースを提供することになったのだ。

２０２２年にはロープウェイも箱根登山鉄道の運営となり、ケーブルカー、鉄道とより一層緊密な連携が取られるようになっていくだろう。またアニメ『エヴァンゲリオン』とのコラボも続いており、同年、箱根湯本駅の駅舎下部にある「箱根湯本えゔぁ屋」は10周年を迎えてなお盛況を誇っている。エヴァンゲリオンと箱根は今も毎年のようにコラボキャンペーンを打つなど、２０２２年時点でもアラフォー世代を中心に多くの支持を集め続けている。

このように箱根と小田急グループの蜜月は続いているが、小田急の箱根へのイメージ戦略が変わってくるかもしれないことは、前章で示した通りだ。多くの人に物語を想起させるような広告ではなく、ひとりひとりが便利に、そして自分だけの体験をするために行くような形になっていくのではないだろうか。この「はじめての、ロマンスカー。」のプロモーションは始まったばかりで、今後どのように育っていくかはわからないが、今後も箱根が小田急グループの核心のひとつであり続けることだけは間違いない。

これからの小田急とロマンスカー

本章では沿線の現在を見てきたが、最後に小田急電鉄が今後どのような鉄道会社でありたいのか、ということを見てゆくことで終わろう。

２０２２年の小田急における大きなトピックとして、新宿駅西口再開発の開始と、子育て世代への積極的なアピール、広告戦略の転換の３つを挙げたい（※）。これらと、さらに本章で見てきたような近年の小田急沿線の開発・再開発に共通するのは、「ひとりひとりへ寄り添う」というようなイメージではないだろうか。

そもそも鉄道は多くの人やものを、遠くに、すばやく、大量に運ぶための手段だ。鉄道会社は、その３つの目的のためにさまざまな投資をし、競ってきた。しかし今後人口が大幅に増えることのない日本で、かつての大量輸送のために作った設備は過剰とされるかもしれない。小田急はＶＳＥの引退を決めたが、ＧＳＥを増備させるという話も聞かなければ、新型車両の噂を聞かないのも、このことと関係しているのだろうか。

「きょう、ロマンスカーで。」も、郷愁や旅情といった一定のイメージを、美しく、またとてもすばらしい形で多くの人に届けたブランド広告だった。主な媒体はポスターとテレビＣＭだったが、これらもまた、マスに届けるためのものだ。ポスターはまだしも、今の時代、テレビCMにはかつてのような効果は期待できないだろう。

大量に、という時代は終わりつつあるのかもしれない。次の時代への対応が求められる中だからこそ、大量輸送を担う鉄道の運営会社である小田急は、次世代のひとりひとりに寄り添うことを、今までよりも一層強く打ち出したのだろう。

２０２１年にはベビーカーのシェアサービスの実験を始め、２０２２年には小児ＩＣ運賃はどこまで乗っても50円という画期的なサービスを打ち出した。同年に設定された子育て応援車も順次拡大していく予定だという。もちろん子ども世代に自社の列車に愛着を持ってもらうことは未来への投資という意味でもとても大事で、しかしそれは、小田急に限らずほかの鉄道会社もずっと昔からやっていることだ。ただ小田急のこの攻め様は、他社と比べても突出しているように見える。

子どもを見守り育てるというのはとても大変なことだ。危険を排除しつつある程度の自由を与え、またそれなりに希望を叶えなければ、突然ぐずり始め、すぐわめき出す。何をしでかすかわからない子どもと共にあるために必要なのは、とにかく寛容であることだ。それは親ではなく、社会の方がそうあるべきなのだ。そのような子どもの振る舞いに周囲が寛容であればこそ、子ども自身はもちろん、親も安心して列車に乗ることができる。他人がどのように振る舞うかに寛容に対応する、その基盤を小田急は今、用意し始めているのだと思う。

新宿駅の再開発には、歩行者ネットワークの構築、滞留空間の創出、人中心の駅前広場の整備が掲げられている。それが本当に叶うのであれば、新宿駅からすぐの場所に、人がうろうろ歩きまわり、また溜まることのできる場所が生まれることになるはずだ。下北沢周辺地域の再開発で培った経験が大いに活かされるだろう。

たとえば今の新宿西口地下広場に座り込んでビールを片手に座っている若者がいれば、行き交う人たちから奇異の目で見られるだろう。しかし下北沢の駅前ではそんなことはない。いる人の種類が違うと言えばそれまでだが、多くの人がうろうろし、溜まる場所ができるということは、そういう人たちが増えるということだ。新宿の新たな広場が目的地へのハブという役割だけではなく、そこにひとりひとりが違う目的意識をもってやってくることができる場所になるのなら、それまで単に巨大な都市でしかなかった新宿が、１９６０年代のように文化の発信地になれるかもしれない。

「はじめての、ロマンスカー。」というプロモーションの中核には、ロマンスカーナビというウェブサイトがある。ロマンスカーナビは、時刻表や車窓からの見え方や箱根情報まで、一気に見ることができるポップで便利なサイトだ。全体としては「箱根に行きたい／行ってみたい」という思いを先行させるよりも、まず行ってみてから何かを持ち帰ってきてほしい、それを友達とシェアしてほしい、という方向性が見える。

誰に言われるでもなく、個人個人がそれぞれの何かを持つ、そうして各々がばらばらに何かをする、ということにつながる可能性を、先述のいずれもが持っている。その多様な形を積極的に受け入れる下地を、小田急は今まさに作ろうとしているのかもしれない。多様性を受け入れる社会とは、ひとりひとりと向き合う社会だ。だからこそ、その中にあってなお、小田急ロマンスカーは不滅であるはずなのだ。

筆者がロマンスカーに持つ思い出や思い入れは、わたしのものであってほかの誰のものでもないし、あらゆる人にとってもそうだ。友達同士でビールを飲みながら乗るロマンスカー、展望席に興奮してかじりつくように景色を見たロマンスカー、車いすやベビーカーを押しながら乗った人もいるかもしれない。ロマンスカーは生まれたその時から今までずっと、そういった個人個人の体験に寄り添って、ひとりひとりに違った体験を提供できる、特別な列車だったからだ。普通の通勤車両にはなかなかできることではないし、これまで培ってきたロマンスカーのブランドイメージもあってのことだろう。

だからこそ需要があったところで、単なる通勤特急になってはいけないし、子どもたちに「あの列車に乗りたい！」と思わせる存在でなくてはいけない。いつの時代にも輝いていたロマンスカーだからこそ、次の時代、さらにその次の時代でも、ロマンスカーは輝き続けてほしい。

※２０２２年11月に、定額でロマンスカー乗り放題というサブスクリプションチケット「ＥＭｏｔ特急パスポート」の販売が始まった。日常の足としてのロマンスカーをもっと気軽に使ってほしいということだろう。コロナ禍以降、なかなか回復しない通勤需要のカンフル剤でもある。本来ならこれも本文中に挙げておくべき事柄だったが、原稿締切の関係上、このような形になってしまった。ご了承願いたい。

現在の列車種別とロマンスカーの愛称

2018年のダイヤ改正以降、列車種別とロマンスカーの愛称に変更はないが、この改正で列車種別は相当に複雑さを増した。またそれ以降も小さい変更は多く、どの列車がどこに止まってどこまで行くのか、普段乗り慣れている列車以外は毎度確認しないとわからない沿線住民も多いのではないだろうか。

そこで2022年11月現在の種別・愛称ごとの運用をまとめておこう。

特急ロマンスカー（頭に「メトロ」がつくものは地下鉄千代田線直通）

・「はこね」「スーパーはこね」「メトロはこね」：新宿（北千住）〜箱根湯本間を走るロマンスカー。「スーパーはこね」は新宿〜小田原間をノンストップ、「はこね」「メトロはこね」は途中停車駅あり。

・「さがみ」：新宿〜小田原間を走る、箱根登山鉄道に乗り入れないロマンスカー。

・「えのしま」「メトロえのしま」：新宿（北千住）〜片瀬江ノ島間を走るロマンスカー。「スーパーはこね」のようなノンストップ運行はない。

・「モーニングウェイ」「メトロモーニングウェイ」：朝9時半ごろまでに新宿駅、千代田線大手町駅・

北千住駅に到着するロマンスカー。小田原線、江ノ島線のどちらからの列車にも共通の名称。
・「ホームウェイ」「メトロホームウェイ」：17時以降に新宿駅、千代田線北千住駅・大手町駅を発車するロマンスカー。小田原線、江ノ島線のどちらへの列車にも共通の名称。
・「ふじさん」：2018年に長らく親しまれた「あさぎり」から改称。御殿場線に乗り入れることで、新宿駅とJR御殿場駅とを結ぶロマンスカー。

特急以外の列車種別
・快速急行：乗車券のみで乗れる、もっとも停車駅が少ない列車種別。小田原線、江ノ島線、多摩線いずれにも乗り入れるが、江ノ島線の藤沢駅から先と、地下鉄千代田線、箱根登山鉄道への乗り入れはない。小田原行の下り列車は早朝の一部列車を除いて、新松田駅から急行に種別変更される。また小田原駅からの上り列車に快速急行はないが、同駅発の急行列車は新松田駅で快速急行に種別変更される。
・通勤急行：平日の通勤時間帯に上り列車のみ、多摩線の唐木田駅から新宿駅まで運行。快速急行の停車駅に向ヶ丘遊園駅、成城学園前駅を加え、登戸駅を通過する。
・急行：快速急行の停車駅に加え、経堂駅、成城学園前駅、向ヶ丘遊園駅に、小田原線は開成駅に、江ノ島線は南林間駅、長後駅に停車する。また早朝の新宿行にのみ、片瀬江ノ島始発（平日は相模大野駅で快速急行へ種別変更）が存在する。多摩線内は快速急行と変わらない。一部列車は千代田線へ乗り入れる。

・通勤準急：伊勢原駅・本厚木駅を始発とし、平日の通勤時間帯に上り列車のみ運行。すべて地下鉄千代田線に直通運転する。通過駅は和泉多摩川、狛江、喜多見、祖師ヶ谷大蔵、千歳船橋、豪徳寺、梅ヶ丘、世田谷代田、東北沢の各駅。

・準急：すべて地下鉄千代田線に直通。基本的に向ヶ丘遊園駅を始発・終点とするが、一部の下り列車は伊勢原駅まで行く。通過駅は和泉多摩川、喜多見、豪徳寺、梅ヶ丘、世田谷代田、東北沢の各駅。

・各駅停車：各駅に停車。一部列車が片瀬江ノ島駅、箱根登山線箱根湯本駅、地下鉄千代田線へ直通するほか、小田原駅からの上り列車は一部を除き新松田駅で急行へと種別変更される。

あとがき

沿線に生まれたせいもあって、小田急線には思い出が詰まっている。

筆者は足柄駅からほど近い小田原市立病院で生まれ、家もそのすぐ近所だった。父の仕事の事情もあって小学生になる前には引っ越してしまうが、引越し先は小田原市の北に隣接する南足柄市。開成駅や新松田駅から小田急に乗って都心方面へ、あるいは小田原駅まで出てから箱根登山鉄道で箱根に行ったりもしていた。生まれて初めてプロ野球を見に行った時も、海老名駅まで小田急で出てから横浜方面へ向かったのをよく覚えている。

通っていた塾は開成駅からすぐ近くにあり、町田の予備校や、その後大学には多摩線を使って開成から通っていたこともあって、その開発の進んでいく様を間近で見ることになった。渋沢・新松田の駅からバスに乗って丹沢の山々に行くのも筆者の趣味であるし、また実家のある箱根の東側から山を登って宮城野や仙石原に降り、温泉に入って箱根登山鉄道で帰ってくるコースは、昔からお気に入りのハイキングルートだ。

働き始め結婚した後は下北沢のすぐ近くに住んでいた時期も長く、駅舎の改装から下北線路街が完成するまで日々変わっていく様子を眺めていた。わたしも妻も、下北沢には高校時代からライブや舞台を見に通っており、開発されていく様に感慨深い気持ちになったものだ。

また妻は結婚する前は南林間に住んでいて、彼女の実家も湘南台とやっぱり小田急線沿い。車を持っていないわたしたち夫婦が実家に行く際は、便利で速い、そしてなにより乗っているだけでわくわくさせてくれる、特急ロマンスカーに乗ってゆく。

初めて乗ったロマンスカーはNSEで、前面展望席に乗ることこそ叶わなかったが、その圧倒的なかっこよさは子供心に強く刻み込まれている。箱根湯本駅の特徴的な駅舎に入線するその姿を、今なお鮮明に思い出せるほどだ。

VSEは強烈だった。真っ白なボディにバーミリオンオレンジの鮮やかさ、ロマンスカーに「ロマンスカーらしさ」を再びもたらしたこの車両はしかし、すでに定期運行を終了、2023年の秋には引退の予定である。小田急ロマンスカーここにあり、と高らかに宣言したVSEの引退は本当に悲しい。小田急の線路に隣接する開成町の管理釣り場で釣りをしていると、連接台車のジョイント音が聞こえてVSEがやってくる、あの風景ももう見納めだ。

GSEの真っ赤なボディは鮮烈だった。雑誌の仕事でGSEを取材させていただいた折、初めてロマンスカーの運転席に入らせていただいたこともいい思い出だ。さらにその際、新宿への回送列車に乗らせてもらって、展望席を独り占めできたのは本当にうれしかった。

また自分にとっては「きょう、ロマンスカーで。」の広告シリーズはとても大きな存在だった。第3章を書く際に過去作品を見ていただけで、その洗練さ、イメージの喚起力に当てられて涙が出てきたほどだ。開成駅の上りホームのベンチのすぐ後ろにはポスターを掲出するスペースがあり、そこに貼り出されるポスターに魅せられていたことを強く思い出す。この広告によってロマンスカーへの思い入れが一層強くなったことは間違いない。

だからこそ、本書を執筆中に「きょう、ロマンスカーで。」のウェブサイトが見られなくなってしまったのはショックだった。広告戦略の切り替え自体は仕方のないことではあるが、歴史を彩ったすばらしい広告シリーズであっただけに、ぜひ歴史的なアーカイブとしてウェブサイトを復活させてほしいと強く願う次第だ。

ただの雑誌ライターでしかないわたしがそんな小田急の、ロマンスカーの歴史の本を書かせていただけるなんて、本当に思ってもみなかった。声をかけてくださった『散歩の達人』前編集長の土屋さん、ありがとうございます。また担当編集の平岩さんには本当にご迷惑をおかけした。忍耐強く原稿を待っていてくださったことに感謝してもしきれない。

そして読んでくださったみなさま。鉄道関係の仕事をほぼしたこともなければ、著書を書いたことすらないライターが書いたものが、目の肥えたみなさまにどう受け取られたのか不安で仕方ないが、もし楽しんでいただけたのなら幸いだ。

これを機に、また鉄道関係の仕事をいただけることを祈りながら、本書を終えたいと思う。ありがとうございました。

２０２２年11月

参考資料

▶ 一次資料

『小田急五十年史』小田急電鉄、1980年

『小田急75年史』小田急電鉄、2003年

「会社小史」2022年11月閲覧、小田急電鉄公式ウェブサイト内

『利光鶴松翁手記』小田急電鉄、1957年

▶ 書籍資料

『人事興信録（第八版）』1928年　※国立国会図書館デジタルコレクション版

『東京急行電鉄50年史』東京急行電鉄、1973年

「東急100年史」2022年11月閲覧、東急電鉄公式ウェブサイト内

『2018ダイヤ改正号 小田急時刻表』交通新聞社、2018年

『新しい小田急電鉄の世界』交通新聞社、2019年

『旅鉄BOOKS 035 小田急LSEの伝説』天夢人、2021年

青田孝『ゼロ戦から夢の超特急　小田急SE車世界新記録誕生秘話』交通新聞社、2009年

青田孝『箱根の山に挑んだ鉄路　『天下の険』を越えた技』交通新聞社、2011年

今尾恵介『全國鐵道旅行繪圖』けやき出版、2011年

生方良雄『小田急物語』多摩川新聞社、2000年

生方良雄『小田急今昔物語』戎光祥出版、2014年

生方良雄『小田急ロマンスカー総覧』大正出版、2005年

生方良雄、諸河久『カラーブックス530 日本の私鉄5 小田急』保育社、1981年

生方良雄、諸河久『カラーブックス768 日本の私鉄① 小田急』保育社、1993年

生方良雄、諸河久『カラーブックス902 日本の私鉄 小田急』保育社、1997年

生方良雄、諸河久『小田急ロマンスカー物語』保育社、1994年

加藤一雄『小田急よもやま話（上・下）』多摩川新聞社、1993年

加藤利之『箱根山の近代交通』神奈川新聞社、1995年

田中正恭『プロ野球と鉄道　新幹線開業で大きく変わったプロ野球』交通新聞社、2018年

参考資料

寺田裕一『改訂新版 データブック日本の私鉄』ネコ・パブリッシング、2013年

永江雅和『小田急沿線の近現代史』クロスカルチャー出版、2016年

野口毅『台湾少年工と第二の故郷 高座海軍工廠に結ばれた絆は今も』展転社、1999年

橋本崇、向井隆昭編『コミュニティシップ　下北線路街プロジェクト。挑戦する地域、応援する鉄道会社』学芸出版社、2022年

広岡友紀『日本の私鉄　小田急電鉄』毎日新聞社、2010年

ユージン・フォーダー編、小池滋監訳『世界の鉄道』集英社、1979年

福原俊一『日本の電車物語 新性能電車編 SE車からVVVF電車まで』JTBパブリッシング、2008年

渡邊行男『明治の気骨 利光鶴松伝』葦書房、2000年

▶ **定期刊行物等**

『有鄰　472号』有隣堂、2007年3月　※ウェブ版

『みんてつ Vol. 69 2019年春』日本民営鉄道協会

『鉄道ピクトリアル　No.405 1982年6月 臨時増刊号』電気車研究会

『鉄道ピクトリアル　No.546 1991年7月 臨時増刊号』電気車研究会

『鉄道ピクトリアル　No.679 1999年12月 臨時増刊号』電気車研究会

『鉄道ファン　No.375 1992年7月』交友社

『鉄道ファン　No.671 2017年3月』交友社

『鉄道ファン　No.723 2021年7月』交友社

『鉄道ジャーナル　No.464 2005年6月』鉄道ジャーナル社

『鉄道ジャーナル　No.466 2005年8月』鉄道ジャーナル社

『鉄道ジャーナル　No.498 2008年4月』鉄道ジャーナル社

『鉄道ダイヤ情報　No.288 2008年4月』交通新聞社

『鉄道ダイヤ情報　No.411 2018年7月』交通新聞社

『鉄道ダイヤ情報　No.444 2021年5月』交通新聞社

『鉄道のテクノロジー　Vol.12 小田急ロマンスカー 小田急電車のすべて』三栄書房、2011年

『THEレイル No.1 '80 SUMMER』プレス・アイゼンバーン、1980年

『都市みらい通信 No.188』財団法人都市みらい推進機構、2002年

永江雅和「私鉄会社による路線・駅舎用地買収と地域社会―小田原急行鉄道㈱の事例―」『専修経済学論集　第48巻2号』2013年

永江雅和「向ヶ丘遊園の経営史―電鉄会社付帯事業としての遊園地業―」『専修大学社会科学年報第42号』2008年

▶ 公文書等

『昭和五年　国勢調査報告』内閣統計局、1930年　※e-Statよりダウンロード

『昭和七年度　鉄道統計資料』1934年　※国立国会図書館デジタルコレクション版

「平成27年大都市交通センサス首都圏報告書」国土交通省、2020年

「東京圏における今後の都市鉄道のあり方について　答申第198号」交通政策審議会、2016年

「箱根インバウンド協議会」国土交通省、2016年

「平成27年入込観光客数」箱根町、2016年

「平成29年度大都市交通センサス分析調査報告書」国土交通省、2018年

「開成町の概要」開成町、2018年

「ＪＲ町田駅南地区まちづくり整備方針～南の玄関口のまちづくり～」町田市、2018年

「小田急多摩線の延伸の促進　最終更新日2021年7月2日　相模原市公式ウェブサイト　ページ番号1004842」、相模原市、2022年11月閲覧

「登戸土地区画整理事業」川崎市公式ウェブサイト、2022年11月閲覧

▶ ニュースリリース

「第16-07号　複々線完成による効果について」小田急電鉄、2016年4月28日リリース

「第17-55号　2018年3月、新ダイヤでの運行開始」小田急電鉄、2017年11月1日リリース

「第18-140号　向ヶ丘遊園駅をリニューアルオープンします」小田急電鉄、2019年3月28日リリース

「第19-139号　4月1日 向ヶ丘遊園駅が全面リニューアルオープン」小田急電鉄、2020年3月31日リリース

「第20-G04号　2020年7月23日（木・祝）箱根登山電車 箱根湯本駅－強羅駅間 営業運転再開」小田急電鉄、2020年6月24日リリース

「第20-62号　“ロゴマーク”と“コンテンツ概要”を決定！」小田急電鉄、2020年11月30日リリース

「第20-79号　ロマンスカーミュージアム開業日が4月19日に決定！」小田急電鉄、2021年3月8日リリース

「第21-05号　新宿駅でベビーカーのシェアリング”Share Buggy”の実証試験を開始」小田急電鉄、2021年4月22日リリース

「第21-G06号　小田急百貨店は新宿駅西口再開発工事に伴い2022年9月末（予定）をもって新宿店本館での営業を終了します。同年10月以降、新宿店は新宿西口ハルクを改装して営業を継続します。」小田急電鉄、2021年7月16日リリース

「第21-42号　子育て応援ポリシーを定め、「こどもの笑顔をつくる子育てパートナー」であることを宣言」小田急電鉄、2021年11月8日リリース

「第21-57号　2022年3月11日（金）、特急ロマンスカー・ＶＳＥの定期運行を終了」小田急電鉄、2021年12月17日リリース

「第21-62号　3月12日、小児ＩＣ運賃等の低廉化をスタートします」小田急電鉄、2022年1月11日リリース

「第22-58号　「はじめての、ロマンスカー。」プロモーションをスタートします」小田急電鉄、2022年9月29日リリース

「駅前コミュニティビル「小田急開成駅前ビル」を4月1日開業!」小田急不動産、2016年3月29日リリース

「新宿駅西口地区の開発計画について」小田急電鉄・東京地下鉄、2020年9月9日リリース

「箱根登山鉄道株式会社と箱根ロープウェイ株式会社の合併に関するお知らせ」箱根登山鉄道・箱根ロープウェイ、2022年1月11日リリース

「新宿駅西口地区開発計画における既存建物解体工事への着手に係るお知らせ」小田急電鉄・東京地下鉄、2022年9月29日リリース

▶ その他ウェブサイト

「「きょう、ロマンスカーで。」ギャラリー写真」小田急ロマンスカー公式ウェブサイト内、2022年10月閲覧

「「ロマンスカー」の商標出願・登録にかかる一連の文書」特許情報プラットフォームJ-PlatPat、2022年11月閲覧

かつとんたろう

1983年神奈川県小田原市生まれ。多摩美術大学大学院修了。下北沢や新宿近辺など、小田急沿線に長く住み、小田急線に乗り続けてきた。会社員との兼業ライターとして、さまざまなメディアで多くの記事を執筆。とんかつ関連のものが多いが、とんかつのみならず幅広いジャンルで活躍。

〈口絵写真〉山﨑友也（やまさき ゆうや）
1970年広島県広島市生まれ。日本大学芸術学部写真学科卒業。独自の視点から鉄道写真を多彩に表現し、出版や広告など幅広い分野で活動。

交通新聞社新書170

小田急は100年でどうなった？

ロマンスカーとまちづくり

（定価はカバーに表示してあります）

2023年2月15日　第1刷発行

著　者――かつとんたろう
発行人――伊藤嘉道
発行所――株式会社交通新聞社
https://www.kotsu.co.jp/
〒101-0062　東京都千代田区神田駿河台2-3-11
電話　（03）6831-6560（編集）
（03）6831-6622（販売）

カバーデザイン―アルビレオ
印刷・製本―大日本印刷株式会社

ISBN978-4-330-00923-0